U0069135

耶穌門徒
生平的省思

景美浸信會榮譽牧師
施達雄牧師 / 著

The Life of Jesus' Disciples

省視門徒的生平　跟隨耶穌的腳蹤

LOGOS系列叢書出版序

人類自古以來，一直試著找尋出宇宙與生命的「道」。古希臘有一位哲學家名叫赫拉克利特（Heraclitus, c.535 BC - 475），他提出不變、萬古長存的道（*logos*），萬事萬物都是按這*logos*生成變化，但這道總是不被人們所理解。孔子說：「朝聞道，夕死可矣！」究竟生命當中有什麼「道」，可以值得如此追尋，死而無憾？

聖經告訴我們：「太初有道（*logos*），道與神同在，道就是神。」（約翰福音一章1節）「道成了肉身，住在我們中間。」（約翰福音一章14節）藉著耶穌基督——上帝的獨生子——的降生，道成肉身來到我們的世界，我們有機會認識道，因為祂就是道。

要認識主耶穌這位又真又活的道，必須從讀聖經與禱告開始。有鑑於讀經的重要性以及閱讀門檻，主流出版社特別選輯了一些有助於讀經、認識真道的書籍，出版成

「LOGOS系列叢書」，好讓讀者藉著這些書，能夠更深地認識上帝，活出美好的人生。是為序。

主流出版有限公司發行人

鄭超睿

目錄

第 **1** 章

「經歷信仰，彰顯信仰」
—— 彼得生平的省思

　　耶穌順著加利利的海邊走，看見西門和西門的兄弟安得烈在海裡撒網；他們本是打魚的。耶穌對他們說：「來跟從我，我要叫你們得人如得魚一樣。」他們就立刻捨了網，跟從了他。（可一16-18）

　　在耶穌十二個門徒中，彼得可以說是名聲最響亮的人物；他也是個心直口快、性格急躁、熱情衝動、常說錯話、做錯事，讓主耶穌操心的人。在他跟隨主耶穌的三年半中，他的個性被主耶穌一再雕塑、訓練；尤其在五旬節時，經歷聖靈的更新激勵，他不但痛改前非，且奮不顧身的宣揚福音。他不但為主耶穌建立了第一間教會，更鞠躬盡瘁地為真理殉道，是個「經歷信仰，彰顯信仰」的人。

　　我們就聖經所記述、有關彼得的生活事蹟，以「經歷信仰，彰顯信仰」為主題目，劃分為三個部分來講述彼得的生平：①成為門徒的彼得，②五旬節的彼得，③五旬節後的彼得；最後加上今日信徒應有的反省與學習。

成為門徒的彼得

彼得在尚未成為門徒之前，他的身世為何？他如何成為耶穌的門徒？這是我們研讀彼得生平時，應該先知道的。

彼得的身世：彼得原名西門（約一42），與他的兄弟安得烈以捕魚為生。彼得是加利利伯賽大的人，在遇見耶穌之前已經結了婚，並且與他的岳母住在迦百農。根據保羅在給哥林多教會的書信（林前九5）中的描述得知，在彼得旅遊傳道時，曾帶著妻子一同往來。早期教會的傳道者亞歷山大的革利免說：「彼得的妻子是他傳福音的助手，他們二人一起殉道；而且，他需要忍受一種嚴重的煎熬，那就是眼見妻子先他受刑。」在成為門徒之前的彼得只是一個極平凡的普通漁夫。

彼得的歸主：當主耶穌出來傳道時，彼得（本名西門）的弟弟安得烈首先跟從耶穌，並領他去見耶穌，耶穌看著西門說：「你要稱為磯法！」「磯法」譯為希臘文就是彼得（約一35-42）。第三天他與主耶穌同赴迦拿娶親的筵席，並且跟主耶穌走遍加利利、猶太等地方。以後，他又回去同他父親在海中捕魚。他生平最大的轉機，就是有一次耶穌在彼得的漁船上向群眾講完道之後，叫他下網捕魚，彼得已經徒勞無獲地工作一夜，但仍然照主所吩咐的下了網，哪知竟然補得滿網的大魚，不得不招呼同伴前來幫忙。彼得眼見耶穌所行此一奇蹟，驚慌

失措地跪下說：「主啊，離開我，我是個罪人！」耶穌卻對他說：「不要怕！從今以後，你要得人了。」從此以後，彼得才撇下一切，專心跟隨耶穌（路五4-11）。

五旬節前的彼得

彼得雖然被主耶穌呼召揀選為門徒，但是在五旬節之前，可以明顯地看出他有相當多的缺點，直到五旬節之後，才逐一改正，前後判若兩人。首先我們來看五旬節前的彼得是個怎樣的人。

彼得是一個衝動且心直口快的人：在最後晚餐中，耶穌為門徒們洗腳，彼得基於對耶穌的尊敬就對主說：「主啊，你洗我的腳嗎？」意思乃「不，我怎能讓你為我洗腳？」但聽到主的解釋之後，卻又顯出他那心直口快的爽朗性格向主說：「主啊，不但我的腳，連手和頭也要洗。」之後，耶穌預言彼得在當夜會三次不認主，彼得聽了很不以為然地誇口說：「主啊，我就是同你下監，同你受死，也是甘心！」

為了表示對耶穌的忠誠，當夜他就手執一把利刀、奮不顧身衝向那一批來逮捕耶穌的人，削掉其中一個人的

耳朵。（因此受到耶穌的斥責，因為這違背了耶穌的教訓。）此時的彼得實在是魯莽衝動，但無疑地是出於對主的忠誠與愛護。彼得是個衝動且心直口快的人。

彼得是一個疏忽禱告的人：我們深信彼得向主所顯示的忠誠絕非出自虛假，但是卻因疏忽禱告而成為三次公開不承認耶穌的人，他心有餘而力不足。當耶穌與門徒們在客西馬尼園內迫切禱告時，如果彼得不是偷懶睡覺而是儆醒禱告，就不致於失敗到此一程度。

我們許多時候，也是常如此：「心靈固然願意，肉體卻軟弱了。」我們明白禱告的重要，也有很多的時間可以禱告，但是，我們卻也如同彼得一樣，體貼肉體而疏忽禱告，以致在試探來臨時全然跌倒。

彼得是一個肯從跌倒中爬起來的人：當彼得第三次否認主後，立時雞叫了第二遍，他想起了主耶穌對他所說的話：「雞叫兩遍以先，你要三次不認我。」思想起來，就哭了（可十四71-72）。猶大犯了出賣主的罪，至終懊悔而自盡，而遭臭萬年，成為信徒的鑑戒；彼得否認主之後，能痛改前非，重歸基督懷抱，成為歷史上屬靈的偉人。耶穌對猶大與彼得的愛一樣公平、沒有偏心，他們兩人的後果完全決定於自己是否肯真心

悔改、重新作人。彼得與猶大都否認過耶穌，但是，彼得肯謙卑悔改，從跌倒中再爬起來。

五旬節後的彼得

在五旬節之後，明顯地看出彼得有相當多的更新與改變：

彼得是一個重視恆切禱告的人：主在世時，彼得雖有很多軟弱，但是耶穌升天之後，彼得和其他人在一處同心合意地禱告主，在四十天中真心地認罪、悔改直到聖靈充滿。他成為有能力的人，成為喜樂的人，成為有滿有信心的人。他深知當年他之所以會跌倒是因他不肯遵照耶穌「總要儆醒禱告，免得入了迷惑」（可十四32-42）的教訓，因此，他不但自己勤於禱告（徒三1，十9），晚年寫給信徒們的勉勵中說：「你們要謹慎自守，儆醒禱告。」（彼前四7）從使徒行傳中看出彼得是一個重視恆切禱告的人。

彼得是一個勇敢宣揚福音的人：五旬節後的彼得，公然地傳講耶穌的福音和祂復活的信息，講道大有能力，一天感動了三千人悔改信主；他又奉主的名行了很多的神

蹟。彼得為了傳道的緣故，曾受恐嚇、被鞭打、被審問，被捉拿下監；然而彼得卻不以為辱、倒以為榮，不以為苦、倒以為樂（徒四1-22，五17-42，十二1-19），這與五旬節前怕死而不敢認耶穌的彼得真是判若兩人。他不但將福音傳給猶太人，他也成了第一個將福音傳給外邦人（哥尼流全家）的使徒。彼得不但在傳福音、行神蹟方面顯出他對耶穌的信心，並且寫了彼得前書和後書，又藉著口述許多有關耶穌事蹟的資料，讓馬可寫成馬可福音，來闡明福音真理。彼得是一個用口、用筆宣揚耶穌福音的人。

彼得是一個忠心為主殉道的人：傳說在羅馬暴君尼祿執政的時候，曾大肆迫害基督徒，基督徒的處境非常險惡，彼得非常灰心失望，打算離開羅馬。主意既定，一天獨自溜出羅馬、在路上行走的時候，忽然看見一個人迎面而來，彼得定睛一看，大吃一驚，原來那人不是別人、正是耶穌。耶穌只顧向羅馬行走，並不注意彼得，彼得追上去說：「主啊！你往哪裡去？」耶穌回頭注視著他，鄭重地說：「我往羅馬城裡去，再次被人釘死。」彼得明白了耶穌這話的用意，急忙俯伏在耶穌面前說：「主啊！請寬恕我的懦弱，我馬上就回羅馬去。」彼得便返回羅馬。後來他殉道時，行刑的羅馬官要把他釘上十字架，彼得卻要求兩腳朝天倒釘十字架，因為他自認不配以與主一樣的方式被釘死。彼得是一個忠心為主殉道的人。

今日信徒應有的反省與學習

彼得的一生都是信徒的借鏡，其缺點可作為鑑戒，其優點值得我們效法，讓我們從他身上學習，使自己成為「經歷信仰，彰顯信仰」的好信徒。

第一、要有痛改過錯的決心：猶大因出賣主耶穌而懊悔自盡，結果是遺臭萬年，成為信徒的鑑戒；彼得否認主耶穌之後，能痛改過錯，重歸基督懷抱，成為歷史上屬靈的偉人。彼得是一個肯從跌倒中再爬起來的人，這種痛改過錯的決心是每一個信徒所當效法學習的。

事實上，沒有什麼過錯是上帝所不能、不肯赦免的。在信仰的生活中，誰能保證自己不會失敗跌倒？就怕我們不肯從跌倒中再爬起來。誰能誇口自己沒有過犯軟弱？就怕我們不肯從軟弱中剛強起來。當我們不慎做錯時，就應該像彼得一樣，不可執迷不悟，更不可自暴自棄，應當反省、痛悔，求主赦免。更重要的是，在悔改之後要更謹慎，要有「不可犯同樣錯誤」的智慧與決心。如此，我們才能無愧地說：「我是基督徒！」

第二、要有恆切的禱告生活：五旬節後的彼得，是一個重視恆切禱告的人，因此他成為有能力的人，成為喜樂

的人，成為滿有信心的人。今天基督徒最鬆懈的就是禱告，其原因是太忙，因為忙所以將禱告的時候犧牲掉；因為太懶，懶到不想花時間禱告；因為太傲，傲到只依靠自己的健康、才能和聰明，因而自以為不必禱告。事實上，一個基督徒若懂得不住禱告，就不至於在道德上、生活上、服事上充滿了無力感。

我很喜歡《頌主新歌》中一首詩歌〈你已否禱告〉（370首）其中有幾句很中肯的提醒：「當你遇見極大試探，是否已禱告？……懇求聖靈扶持引導，堅定不跌倒？當你心裡充滿憤怒，是否已禱告？……使你能以愛恕人，與他人和好？」另外一首〈恩友歌〉（371首）歌詞中說：「多少平安我們坐失，多少痛苦冤枉受，都是因為未將萬事，來到耶穌座前求。」如果我們肯如此實際地重視禱告生活，我們的個性、靈命必然會有持續的成長與進步。讓我們效法彼得，作一個肯重視禱告生活的人。

第三、要有肯犧牲的宣揚福音心志：彼得以不惜犧牲生命的態度，懇切地向猶太人傳福音，也看到傳福音的果效。或許我們都有向親友傳福音的意願，但是，除非我們也肯為傳福音付代價、肯有所犧牲，不然很少會有所果效。內地會（China Inland Mission）創辦人戴德生是一個英國人，他以堅定的心志，勝過萬般艱難，一人遠到中國宣教。到了一九〇五年戴德

生逝世時，內地會已經有八百廿八名宣教士在中國傳福音。戴德生的名言是：「假使我有千磅英金，中國可以全數支取；假使我有千條性命，絕不留下一條不給中國。」如果一個外國人為使中國人信主，願有如此奉獻犧牲的決心與行動，你我為自己家人信主肯付出什麼代價呢？讓我們效法彼得，具備肯犧牲的宣揚福音心志。

生活提醒

有個寓言故事為人所熟悉，值得我們重新思考其精意：話說曾有一位天使，養了一隻老虎，這隻老虎漸漸長大，從來沒有機會吃過人肉。有一天老虎要求天使，准許他到人間吃人肉，天使答應了，但是有一個條件，就是不准牠吃基督徒。不久，老虎看到遠遠走來一位口唱聖歌的人，這個人一看到老虎，就嚇得昏倒在地上。老虎把他遍身聞一下，很快就將這個人吃掉了，僅留下他兩片嘴唇。天使問老虎：「你為什麼吃了這個基督徒，卻留下兩片嘴唇沒吃呢？」老虎回答說：「我真的看不出這人是基督徒，是我吃到嘴唇時，才發現嘴唇有一點基督徒的味道，所以留下來。」這個寓言故事所要表達的是，這個人只有兩片嘴唇像是基督徒吧！這雖然是個寓言，但是對我們的信仰生活，何嘗不是警惕呢？我們當反省，自己是不是個

徹頭徹尾「悔改」的信徒，或是僅說話像虔誠的基督徒而虛有其表呢？

「經歷信仰，彰顯信仰」是我們省思彼得生平之後，當努力實踐的生活原則。

第 2 章

「摒除詭詐，心存誠實」

—— 拿但業生平的省思

　　腓力找著拿但業，對他說：「摩西在律法上所寫的和眾先知所記的那一位，我們遇見了，就是約瑟的兒子拿撒勒人耶穌。」拿但業對他說：「拿撒勒還能出甚麼好的嗎？」腓力說：「你來看！」耶穌看見拿但業來，就指著他說：「看哪，這是個真以色列人，他心裡是沒有詭詐的。」拿但業對耶穌說：「你從哪裡知道我呢？」耶穌回答說：「腓力還沒有招呼你，你在無花果樹底下，我就看見你了。」拿但業說：「拉比！你是上帝的兒子，你是以色列的王！」耶穌對他說：「因為我說『在無花果樹底下看見你』，你就信嗎？你將要看見比這更大的事」；又說：「我實實在在地告訴你們，你們將要看見天開了，上帝的使者上去下來在人子身上。」（約一45-51）

　　我們以「摒除詭詐，心存誠實」為主題，來思想耶穌門徒拿但業的生平。拿但業是迦拿人（與耶穌的成長地拿撒勒是鄰村），幾乎所有的聖經學者都一致認為，拿但業和其他福音書所記載的巴多羅買是同一個人。我們對於拿但業的言行事蹟所能瞭解的相當有限，因為除了在約翰福音第一章曾簡單描述他跟隨主的經過之外，其他福音書再也沒有提到他，最多只是記載他的名字，因此，我們只

能從這段有限的經文（約一45-51）來認識拿但業。從這段經文（從耶穌的言談中）看出：①他是心中沒有詭詐的人，②他是常默想真理的人，③他是信仰經歷豐富的人。從這三方面來思考拿但業的生平之後，我們得到今日信徒應有的反省與學習。

拿但業是心中沒有詭詐的人

主耶穌第一次看見拿但業，就指著他說：「看哪，這是個真以色列人，他心裡是沒有詭詐的。」這是主耶穌對他的稱讚，也因此讓我們稍微了解拿但業的「為人」。

拿但業的性格：他是一個誠實、中肯、單純、沒有虛偽、沒有惡念、沒有詭詐的人。這種性格在他坦誠地說出對拿撒勒人的偏見、對腓力邀請誠摯地即刻回應、在他虔敬的信仰生活，以及對耶穌的神性快速表達信服等事件中，全然地流露出來。今日的基督徒若能具有與拿但業一樣的德性，也能讓主對我們說：「這是個真基督徒，他心裡沒有詭詐。」是一件多麼光榮的事！耶穌沒有說拿但業是沒有罪的人，卻承認他是沒有詭詐的人，這是成為好信徒的基本條件。拿但業心存真實、沒有詭詐的個性，正是主耶穌所稱讚的特點。

拿但業的偏見：當腓力信從耶穌之後，就找到拿但業，對

他說：「摩西在律法上所寫的和眾先知所記的那一位，我們遇見了，就是約瑟的兒子拿撒勒人耶穌。」拿但業卻嘲諷地回答說：「拿撒勒還能出甚麼好的嗎？」意思是說：「拿撒勒這小村莊還能出什麼傑出的人才？如果你告訴我彌賽亞來自其他城市，我還可以相信；你說來自拿撒勒，拿撒勒是我們從小熟悉的鄰村，怎麼可能會出現彌賽亞？」拿但業的問題，除了使我們看見他的偏見之外，也看出耶穌在當時並不是一位很出名的人。野史中提到耶穌在童年時期與其他孩童玩耍時，有時為滿足其他小朋友，隨時會行一些神蹟。如果耶穌果真曾在拿撒勒行過神蹟，則必為臨村迦拿的拿但業所知悉，但是，從拿但業無意中所提出的問題，證明福音書的正確性，耶穌在童年、青少年時期，從未為滿足自己而施行神蹟（否則拿但業必早就知道耶穌）。從拿但業所表達的偏見，看出聖經的真實性。

拿但業的突破：從拿但業無意中所流露出的偏見，看出他對耶穌的彌賽亞身分有所懷疑，可是當腓力向他誠懇地邀請說：「你來看」時，他即刻願意摒除偏見，容納腓力的提議。這種純真追求真道的心態，終於使他遇見期待中的彌賽亞，且信服、跟隨了基督耶穌。

拿但業是常默想真理的人

當耶穌稱讚拿但業是個「心中沒有詭詐的真以色列人」時，拿但業回答的是，我曉得我是沒有詭詐的人，但是你怎麼會曉得？你怎麼會這麼瞭解我呢？耶穌卻回答說：「腓力還沒有招呼你，你在無花果樹底下，我就看見你了。」

拿但業在無花果樹下的期待：從腓力向拿但業介紹耶穌的話中，看出拿但業熟讀先知書和律法，並且一直祈禱上帝、等待彌賽亞的來臨：「摩西在律法上所寫的和眾先知所記的那一位，我們遇見了……。」拿但業從「拿撒勒還能出甚麼好的嗎？」到相信耶穌是彌賽亞，其中「你在無花果樹底下，我就看見你了。」是一句關鍵性的話。因為耶穌所能看見的不只是拿但業這一個人，更重要的是看透他的心思；他在無花果樹下所祈禱的，只有他一個人知道，可是耶穌卻知道得清清楚楚，這種超人的能力，使這位心地誠實的拿但業人不得不心悅誠服地說：「拉比，你是上帝的兒子，你是以色列的王！」拿但業因為耶穌的全知而感到驚訝、信服。「你在無花果樹底下，我就看見你了」的「功力」，使拿但業深受震撼，使他對主耶穌肅然起敬。

拿但業在無花果樹下的默想：「在無花果樹底下」是具有很特殊意義的詞句，通常以色列人會在靠近其住宅的空地栽種

無花果樹，樹下常作為親近上帝的地方。正如一個虔誠的基督徒每天都應該有靈修時間，一個虔誠的以色列人也幾乎每天都會有一段時間，坐在無花果樹底下研讀經書、默想、祈禱，使自己對上帝有更堅定的信心。拿但業是一位標準的上帝選民，他是一位常在無花果樹下祈禱、默想的人。

拿但業是信仰經歷豐富的人

拿但業突然誠懇地尊稱耶穌說：「拉比，你是上帝的兒子，你是以色列的王！」他實在信得太快了，連耶穌也覺得驚奇。他並沒有任何顯著證據，只是憑著耶穌的一句話，於是耶穌說：「因為我說『在無花果樹底下看見你』，你就信嗎？你將要看見比這更大的事……我實實在在地告訴你們，你們將要看見天開了，上帝的使者上去下來在人子的身上。」簡單地說，耶穌會給拿但業與門徒們機會，使他們越來越認識耶穌，越來越肯定耶穌是上帝的兒子，是聖經中所預言的彌賽亞。

拿但業越認識耶穌的身分：耶穌應許拿但業，將來他和其他的門徒要看見更大的事，意思是說：「你將要得更大的證據，顯明我是上帝的兒子。」這更大的事是指「更

25

大的神蹟」。耶穌能夠看到無花果樹下的拿但業，而且能知道他心中想什麼，證明耶穌具有無所不知的神性，「更大的事」指要使他看見更多、更驚心動魄的神蹟。這些神蹟果然在約翰福音中不斷地出現。藉著這些「神蹟」為「記號」，使門徒更知道耶穌是上帝的兒子，是聖經中所預言的彌賽亞。

　　拿但業越認識耶穌的職分：耶穌應許拿但業，將來他和其他的門徒要看見更大的事，這更大的事是說：「你們將要看見天開了，上帝的使者上去下來在人子身上。」無疑地主耶穌乃暗示古時雅各所見的經驗：「夢見一個梯子立在地上，梯子的頭頂著天，有上帝的使者在梯子上，上去下來。」（創廿八12）一般對這經驗的解釋，下來的天使，是為了傳送上帝的恩典給世人；上去的天使，是將世人的祈禱獻給上帝。主耶穌所表達的是：耶穌降生為人，上帝的恩典將經過他賜給世人，世人的祈禱和願望也要經過他傳達給上帝。如果伯特利的經驗是雅各安慰和能力的泉源，耶穌也必然成為門徒安慰和能力的泉源。耶穌借用雅各夢中看見天梯的事，來說明基督的職分是溝通上帝與人之間的橋梁與中保。當拿但業知道耶穌的身分、職分後，就即刻跟隨了耶穌。

　　傳說拿但業將馬可福音譯成印度文，並且親自在印度宣教。最後那些拜偶像的人抗拒他的教訓，重重拷打他，將他釘

在十字架上。當他從十字架上被取下時，尚有一絲氣息，遂又被斬首，為他所信的耶穌捨身而殉道。

拿但業不但認識耶穌的身分、職分，且甘心傳道、殉道，是信仰經歷豐富的人。

今日信徒應有的反省與學習

根據聖經所記載的，我們對拿但業生平事蹟的瞭解，雖然相當有限，但是已經足以讓我們效法他、敬愛他。在拿但業的身上有兩方面的特點，足可讓我們學習。

第一、要求自己成為沒有詭詐的人：拿但業心存真實、沒有詭詐的個性，正是主耶穌所稱讚的優點。「真實而沒有詭詐」，是成為好信徒的基本條件。基督徒若能具有像拿但業一樣的德性，能讓主、親友能由衷地評論我們說：「這是個真基督徒，他心裡沒有詭詐。」這該是一件多麼美好的事！因為，聖經曾說：「凡心裡沒有詭詐、耶和華不算為有罪的，這人是有福的！」（詩卅二2）主耶穌曾指責法利賽人和文士，說他們是假冒為善的人，他們的外面像粉飾的墳墓，裡面卻裝滿了死人的骨頭和一切的污穢（太廿三27）。如果主耶穌察看我們的內心，祂對你

的評論是什麼？是稱讚、是責備？如果我們的親友評論我們的
為人，他們的評論是什麼？是欣賞、是嘆息？

　　曾經有一位成年主日學的老師，有一次在上課之初，發給
每個學生一張白紙，請大家為自己寫一篇追悼文。這樣的做法
似乎有些出人意外，這位老師的目的是要每個人作一次徹底的
反省與檢討，看看若自己過世，蓋棺論定後可以寫些什麼讓
活著的人們讀。弟兄姊妹們！如果我們為自己寫一篇悼文，我
們將如何寫呢？期待有一天當我們離開這個世界時，我們的
主、親友也能評論我們說：「這是個真基督徒，他心裡沒有詭
詐。」當我們瞭解拿但業生平事蹟後，應該要求自己成為沒有
詭詐的人。

　　第二、要求自己成為常常默想祈禱的人：一個敬畏上帝的
以色列人，幾乎每天都會有一段時間，坐在無花果樹底下研讀
經書、默想、祈禱，使自己對上帝有更堅定的信心；拿但業是
一位標準的上帝選民，他是一位常在無花果樹下祈禱、默想的
人。同樣地，一個好基督徒每天也應該有研讀聖經、默想、祈
禱的靈修時間。

　　曾經有一位公司經理說：「我今早睡過頭了，匆匆起床，
烤焦了麵包，不小心將咖啡灑在西裝上，刮鬍子時刮破了臉

煩。當我衝到我的車旁時，鄰居的狗咬我一口，車子一直發不動……真是亂成一團的一天。」以此為例，我向諸位建議，清晨不要常常睡過頭，將你的鬧鐘撥得比平常早十五分鐘起床，用祈禱、讀經、默想開始一天的生活。要有充實的一天，就得有早起的默想與禱告的好習慣。你願意如何開始一天的生活呢？是常睡過頭趕三關，或是以靈修開始呢？這全在於你自己的選擇！

有一首短歌，是信徒的禱告，也是我們所當追求的目標：「每一日我主，我懇求三件事，更深刻認識祢，更虔誠敬畏祢，更緊緊地跟隨祢，每一日。」如果你能具有這種虔誠的靈修生活，就能成為「這是個真基督徒，他心裡沒有詭詐。」。當我們瞭解拿但業生平事蹟之後，應要求自己成為常常默想祈禱的人。

生活提醒

有一位青年人奮發努力賺了大錢，於是按著自己的夢想，購買一艘遊艇，自封為船長。有一天他在艇上設宴招待貴賓，並且穿上船長的制服，然後向眾人說：「我是船長！」這時有一位退休的船長過來對他說：「孩子！在你看來自己是船長，但是在我們真正船長的眼光中，你不是

船長，那制服是無用的，因為你不會開船。」當我們說：「我是基督徒時」，在耶穌的眼中我們果真是嗎？事實上，禮拜天參加崇拜是很重要，但是藉著每天的讀經、默想、祈禱，使自己成為肯「摒除詭詐，心存誠實」的好基督徒，更為重要。

　　肯成為「摒除詭詐，心存誠實」的好信徒，這是我們省思拿但業生平之後，所當活出的見證。

第 3 章

「棄惡念，存天理」
—— 加略人猶大生平的省思

　　那時，耶穌出去，上山禱告，整夜禱告上帝；到了天亮，叫他的門徒來，就從他們中間挑選十二個人，稱他們為使徒。這十二個人有西門（耶穌又給他起名叫彼得），還有他兄弟安得烈，又有雅各和約翰，腓力和巴多羅買，馬太和多馬，亞勒腓的兒子雅各和奮銳黨的西門，雅各的兒子猶大，和賣主的加略人猶大。（路六12-16）

　　除酵節（又名逾越節）近了。祭司長和文士想法子怎麼才能殺害耶穌；是因他們懼怕百姓。這時，撒但入了那稱為加略人猶大的心；他本是十二門徒裡的一個。他去和祭司長並守殿官商量，怎麼可以把耶穌交給他們。他們歡喜，就約定給他銀子。他應允了，就找機會，要趁眾人不在跟前的時候把耶穌交給他們。（路廿二1-6）

　　有很多的信徒喜歡為自己或子女取名為保羅、雅各、約翰、彼得……，但從未有人肯取名為猶大。為什麼呢？因為猶大出賣了主耶穌，他的行徑為人所不恥，他的名字為人所厭惡。或許有人會問，猶大生下來就被命定是要出賣耶穌的人嗎？耶穌怎會收這種人作祂的門徒呢？主耶穌既能拯救許多人、改變許多人的心，為什麼不能改變猶

大的心呢？其實從研讀他的生平記載就可找到答案，也找到鑑
戒。

　　我們將以「棄惡念，存天理」為題目，思想加略人猶大的
生平，藉此鼓勵諸位如何成為「名符其實」的基督徒。我們將
經由四個重點來講述這個主題：①出賣耶穌前的猶大，②出賣
耶穌時的猶大，③出賣耶穌後的猶大，④今日信徒應有的學
習。

出賣耶穌前的猶大

　　猶大的出身背景：在耶穌的門徒中，有十一個是加利利
人，只有猶大是南方的加略人，口音與其他人不同。猶大在蒙
召為門徒之前可能是商人，因此耶穌一切銀錢出入都由他掌
管。當馬利亞打破玉瓶、用香膏膏耶穌時，他很快地說：「這
瓶香膏值三十兩銀子……。」表明他能識貨，而且能估價，更
看出猶大出身商界。當主耶穌徵召他為門徒時，他便欣然應
召，在人生的道路上作了最重要、最正確的抉擇——跟隨耶
穌。

　　被主使用的猶大：根據聖經所記載（路六12-16），猶大
也是耶穌在整夜禱告後，從眾人中所挑選出來的十二個門徒之

一。這很清楚地告訴我們，猶大不是被選出來出賣耶穌的，而是被挑出來當使徒。他和其他使徒一樣，聽見耶穌的訓誨，看見耶穌的神蹟，不只是如此，聖經上說：「耶穌叫了十二個門徒來，給他們權柄，能趕逐污鬼，並醫治各樣的病症。」（太十1）蒙耶穌賞賜醫病趕鬼的能力，這是難得的恩賜，蒙賜的門徒有「十二」個，不是「十一」個，當然包括猶大在內，他也一樣去傳天國的福音，和其他門徒一樣能行神蹟奇事。

被魔鬼支配的猶大：肯傳福音、能行神蹟奇事的猶大，為何竟會淪落為出賣主的人呢？路加特別用「撒但入了……猶大的心」（路廿二3）來解釋。事實上，猶大並非在一開始就存心叛逆，至少有一段時期他並不是叛逆者，直到「魔鬼已將賣耶穌的意思放在……猶大心裡」（約十三2）以後，他才犯罪出賣主。由此顯然可知，有一段時期撒但並未住在猶大的心裡，或者根本無法進入他的心中。為什麼魔鬼不入別人的心，卻入猶大的心？因為猶大給魔鬼留地步。人是有自由意志的，如果猶大不接受魔鬼，魔鬼不能進入人的心；正如人若不接受主耶穌，主耶穌也不能能入人的心中。有人或許會為猶大辯護說：「若耶穌不釘十字架，就無法完成救贖的工作，猶大有促成救贖工作之功勞。」事實上，他賣主的動機不是要成

就耶穌的救贖工作，而是為了發財。在約翰福音中曾說出猶大
貪財、偷錢的弱點與習慣（十二6），撒但就順著猶大貪婪的弱
點，進入猶大的內心、支配他的行為，他就去與祭司長商量，
約定以三十兩銀子的代價出賣耶穌。

出賣耶穌時的猶大

猶大為什麼會出賣耶穌？聖經中告訴我們答案是：「撒但
入了猶大的心。」是猶大自己願意讓撒但進去的，更可惜的是
他向耶穌關閉了。在賣主的那一個晚上，主耶穌給他三次回頭
的機會，可惜他都硬著心拒絕了。

第一、洗腳時（約十三4-5）：耶穌束著腰，拿著毛巾和水
盆，為門徒一個個洗腳，猶大也在其中。主知道猶大要賣祂，
在洗腳時用慈愛的眼光看著他，希望使猶大良心發現及時回
頭，可惜，猶大卻硬著心放棄掉這個可以悔改的機會。

第二、預告時（約十三21）：耶穌為何只說「你們中間有
一個人要賣我了」，卻不說出賣主者的名字呢？這是主耶穌給
猶大的悔改時機，希望使他良心發現把他贏回來，可惜，猶大
卻繼續硬著心而放棄第二次可以悔改的機會。

第三、**遞餅時**（約十三26）：當主耶穌說：「你們中間有一個人要賣我了」時，門徒一個個都極難過地問：「主，是我嗎？」到了最後猶大居然昧著良心來問，主耶穌回答說：「你說的是。」（太廿六25）主耶穌還蘸了一點餅遞給猶大，這又是主耶穌給猶大的另一次悔改機會，希望猶大良心發現，不要犯下大錯。可惜，猶大依舊硬著心，放棄這個悔改的機會。

晚餐時，猶大提早退席外出，他領了大祭司和一隊兵丁要捉拿耶穌。猶大預先對那些人說：「我與誰親嘴，誰就是他，你們可以拿住他。」（太廿六48）最後，猶大居然用親嘴為暗號，將耶穌出賣了。

出賣耶穌後的猶大

在馬太福音廿七章3至5節裡，記述有關猶大在出賣耶穌後的反應，綜合如下：

第一、猶大承認耶穌是無辜的——「我賣了無辜之人的血。」

第二、猶大後悔自己的過失——「我……是有罪了。」

第三、猶大退回所受之錢。

第四、猶大因羞愧、自責而自殺吊死。

第五、祭司用猶大所退回之錢，購地埋葬猶大。

猶大曾經有明智的抉擇——跟隨耶穌，並具備傳福音、醫病趕鬼、行神蹟等恩賜。身為耶穌的學生，猶大有機會親自聆聽耶穌訓誨，親眼見證耶穌行神蹟。一個本來可繼續讓主所重用的人，竟然跌倒成為叛徒。我們實在要引以為戒。

今日信徒應有的反省與學習

如何在真道上站立得穩？如何使自己成為好信徒？這是我們熟悉猶大的生平事蹟後，可以獲得的提醒與鑑戒，也是值得我們省思的課題。

第一、要儘速撲滅心中的惡念：猶大有幸生於耶穌的時代，與耶穌朝夕相處，曾追隨基督走遍各鄉各城宣講福音，蒙主所重用執掌整個佈道團的財務，也曾施行奇妙的神蹟，然而猶大竟然失敗了，且淪為「人財兩失，身敗名裂，遺臭萬年」。許多人以為猶大生來便是無可救藥的罪人，事實上，根據聖經所記載：「撒但就入了他的心。」魔鬼給他犯罪的意念，而猶大的失敗乃在於不肯儘速撲滅魔鬼所植入之賣主惡念，我們理當以此為警戒。

當你心中存有仇恨、嫉妒、貪婪等邪惡意念與傾向時，應該祈求主幫助你儘速撲滅這種犯罪的惡念。一部名著封面上有句名言：「英雄不是沒有卑賤的情操，而是不被這種情操所征服。」我們可以修改為：「信徒不是沒有犯罪的意念，而是不被這種意念所征服。」撲滅犯罪的意念，是信徒的責任，更是信徒所當享有的權利。

我曾讀過一篇文章，其中提到福音傳到中國的一則故事：據說有位基督徒，年越五十，膝下猶虛，想討個姨太太，明知基督的教訓不許可，就想引經據典的說服妻子和親朋。他找到孟子說的「不孝有三，無後為大」為理由；別人說：「你是基督徒，為何聽孟子的？」他又引證舊約上的雅各為據，說聖經上有三房四妾；別人說：「舊約上的律法和孟子的話都是為古人而說的，如今不適用了。」他說：「我求上帝給我個證據，今晚我睡覺以前禱告，若是上帝不許，就叫我今夜死了；若是明天能照舊醒來，那就是上帝許可我討姨太太。」別人說：「聖靈明明告訴你不可了，你就不可自欺。順著情慾撒種的，必從情慾收取敗壞。」後來這信徒便不再找藉口了。事實上，善惡乃存於一念之間，要儘速撲滅心中的惡念。這是我們從猶大生平所獲得的第一個提醒與鑑戒。

第二、要把握正確悔改的機會：聖經中記載，猶大因自責而自殺結束他的生命。事實上，彼得也曾三次不認主而跌倒，但是彼得自責後能夠悔改，而成為初代教會蒙上帝所重用、信徒所尊敬的福音使徒。使猶大走向滅亡之路的原因，不是因為他出賣了主，而是在他出賣主之後不肯悔改、自暴自棄的惡念與態度。假如猶大肯到十字架前求主的饒恕，並立定心志重新作人，我深信主耶穌不但肯饒恕他，更深信主必然重用他宣揚福音。

當我們想要棄邪歸正時，魔鬼會在我們心中說：「你禱告沒有用，因你的罪太深了，上帝不會理你；你認罪也沒用，因你的罪太深了，上帝不可能赦免你……」假若你就真的不禱告、不悔改，你就與猶大一樣，上了魔鬼不叫你禱告、悔改的當。聖經上說：「我們若認自己的罪，上帝是信實的，是公義的，必要赦免我們的罪，洗淨我們一切的不義。」只要我們肯回頭，上帝必然給我們回頭的機會。在犯罪、軟弱、跌倒之後，你可以成為自暴自棄的猶大，也可以成為悔改新生的彼得，成敗存於這一念之間。要把握正確悔改的機會，這是我們從猶大生平所獲得的第二個提醒與鑑戒。

第三、要有恆心遵行天父旨意：猶大曾經有明智的抉擇——跟隨耶穌，具備傳福音、醫病趕鬼、行神蹟等恩賜，親

自聆聽耶穌訓誨，能看見耶穌行神蹟。一個本來可繼續讓主所重用的人，竟然跌倒成為叛徒，聖經上說，有些人口稱「主啊！主啊！」口奉主的名傳道，雖然能趕鬼，又能行異能，但不恆心遵行天父的旨意，這等人為主所不認識，他的名字也不列在天上，值得我們警惕。

達文西的名畫「最後的晚餐」內容是主耶穌離世前與門徒最後一次聚餐。達文西想找一位「舉止文雅，道貌不凡」的青年人作為模像，來描繪耶穌的像貌。他物色了很久，最後在一所禮拜堂的唱詩班席位中，發現一位面貌柔順清秀的青年，名叫潘油奈。這位青年人面貌清秀，而且品學兼優，歌聲優美。達文西出資請他到自己的畫室，充當基督畫像的模像。達文西用了兩年多的時間才完成耶穌的畫像。之後他繼續完成其他門徒的畫像，再過了兩年以後，這位大畫家在畫最後一位門徒猶大時，要找一位面貌表情酷似這個叛徒的人，花了不少時間、物色了很久，最後才找到一個面貌蒼老、憔悴、酗酒的青年人。達文西覺得這個人正好可作猶大的模像，遂出資請他到畫室坐一坐，等這個人在畫稿前坐定，大畫家依照他的面孔，描繪猶大的像貌時，這個人竟然哭泣流淚。他不是別人，就是幾年前的潘迪奈；他近幾年來離開信仰，過著酗酒、無業、流浪的罪惡生活，竟使原有基督像貌的他，一變而為

酷似賣主求榮的猶大。這個真實的故事提示我們，信仰不是五分鐘的熱度，而是一生一世無悔的抉擇。恆心遵行天父旨意，這是我們從猶大生平所獲得的第三個提醒與鑑戒。

生活提醒

詩人禱告說：「上帝啊！求你鑒察我，知道我的心思，試煉我，知道我的意念，看在我裡面有什麼惡行沒有，引導我走永生的道路。」古人說：「或獨坐時，或夜間時，念頭一起，則自思曰：『這是好念？是惡念？』若是好念，便擴充起來，必見之行；若是惡念，便禁止勿思。方行一事，則思之，以為『此事合天理不合天理？』若是合天理，便行；若是不合天理，便止而勿行。」棄惡念存天理是信仰生活的原則。

我們應竭力「棄惡念，存天理」，作個「名符其實」的好信徒！這是我們在省思猶大生平之後，所當持守的信仰準則。

第 **4** 章

「寬廣待人，嚴謹律己」
—— 雅各生平的省思

　　西庇太的兒子雅各、約翰進前來，對耶穌說：「夫子，我們無論求你甚麼，願你給我們做。」耶穌說：「要我給你們做甚麼？」他們說：「賜我們在你的榮耀裡，一個坐在你右邊，一個坐在你左邊。」耶穌說：「你們不知道所求的是甚麼。我所喝的杯，你們能喝嗎？我所受的洗，你們能受嗎？」他們說：「我們能。」耶穌說：「我所喝的杯，你們也要喝；我所受的洗，你們也要受；只是坐在我的左右，不是我可以賜的；乃是為誰預備的，就賜給誰。」那十個門徒聽見，就惱怒雅各、約翰。耶穌叫他們來，對他們說：「你們知道，外邦人有尊為君王的，治理他們，有大臣操權管束他們。只是在你們中間，不是這樣。你們中間，誰願為大，就必作你們的用人；在你們中間，誰願為首，就必作眾人的僕人。因為人子來，並不是要受人的服事，乃是要服事人，並且要捨命作多人的贖價。」（可十35-45）

　　那時，希律王下手苦害教會中幾個人。用刀殺了約翰的哥哥雅各。（徒十二1-2）

　　「雅各」在猶太人中是很通俗的名字。除了舊約聖

經之外，單在新約中，至少有三個為人所熟悉的人名叫雅各：西庇太的兒子雅各，他是另一位門徒約翰的哥哥（太十2）；亞腓勒的兒子雅各（太十3），他也是耶穌的門徒，由於他比其他的門徒身量小、年齡小、名望小，人都稱他為小雅各，藉以和西庇太的兒子雅各有所分別；以及主耶穌的兄弟雅各（太十三55）：當耶穌在世時，雅各和他的兄弟皆不信主，直到主耶穌復活後才相信。在這裡我們所要思考的對象，是耶穌的門徒西庇太的兒子雅各，聖經中有關他的記載極為有限，但我們可以根據其事蹟的描述，學到「寬廣待人，嚴謹律己」的生活準則。

我們將雅各的一生分為三個階段，以「寬廣待人，嚴謹律己」作為省思雅各生平的主題：①跟隨耶穌之前的雅各，②跟隨耶穌之後的雅各，③耶穌升天之後的雅各；最後加上今日信徒應有的反省與學習。

跟隨耶穌之前的雅各

雅各的家庭：雅各是約翰的長兄，父親名為西庇太，母親名為撒羅米（可能是馬利亞的姊妹），在伯賽大和西門彼得、安得烈等數位朋友以捕魚為生。由於加利利湖盛產各種魚類，所以生意興隆，他的父親經營大規模的捕魚生意，且雇有工人

（可一20），可以說是大漁戶。他的弟弟約翰，曾前往約
但河畔聆聽施浸約翰的講道，並成為施浸約翰的門徒。後
來兄弟二人及母親撒羅米一起跟隨耶穌，只留下父親在家
經營事業及支配工人。由此看來，雅各的家境小康。

　　雅各的歸主：他被召成為耶穌門徒的過程，記載在路
加福音第五章，耶穌藉著捕魚的奇蹟，感化、呼召他及他
的同伴們（有約翰、彼得和安得烈）。自此以後，他就放
棄捕魚的事業專心跟隨主耶穌，直到為主殉道而死不後
悔。

跟隨耶穌之後的雅各

　　雅各、約翰兄弟二人不但歸主的時間相同，在性情上
也相似：

　　雅各是個脾氣急躁的人（路九52-55；可三17）：有
一次耶穌與門徒前往耶路撒冷，經過撒瑪利亞時，由於當
地的人不肯接待耶穌，雅各、約翰兄弟二人看見了，便大
發雷霆，竟然向主耶穌要求：「主啊，你要我們吩咐火從
天上降下來燒滅他們，像以利亞所做的嗎？」他們說這
話雖然顯明他們具有愛主的心志，但也看出他們缺乏忍

耐、脾氣急躁、剛烈的個性，這也正是主耶穌之所以稱呼他們為「雷子」的原因了。

雅各是個野心勃勃的人（太二十20-24；可十35-45）：雅各、約翰不但脾氣暴躁、性情衝動，他們也別有企圖。有一次，雅各、約翰及他們的母親三人來到耶穌的面前，雅各、約翰向主耶穌提出要求說：「賜我們在你榮耀裡，一個坐在你右邊，一個坐在你左邊。」（馬太的記載指此乃出自母親撒羅米的要求，但是不管如何解釋，可以看出這是他們三個人的共同心志。）他們兩人都具有野心，他們希望在耶穌最後勝利的時候，兩兄弟可以在耶穌的國度裡，擔任左、右丞相之職，這雖然流露出其對主耶穌之前途有深厚的信心及服事主耶穌的忠誠，但是也顯明他們盼望在耶穌王國來臨時，能在門徒中居首要地位的野心，期待除了主耶穌以外，他們就是地位最高的了，其餘的門徒全都在他們的管轄之下。事實上，耶穌曾三番兩次地講解關於祂彌賽亞的身分，並不是屬於地上的，但是他們卻念念不忘地上的榮耀和勢力。雅各是野心勃勃、有所企圖地跟隨耶穌的人。

像這樣缺乏忍耐、脾氣急躁、個性剛烈的人，像這樣野心勃勃、別有企圖的人，耶穌也能夠重用，因為耶穌改變了他，他也肯被主耶穌更新。

耶穌升天之後的雅各

雅各是第一個為基督殉道的門徒：耶穌升天後，雅各在門徒群中，成為受人注目的人物。希律王為要消滅初成立的教會，所以將彼得下在監牢，並殺死雅各。（這位希律王就是希羅底的丈夫，而希羅底就是曾把施浸約翰斬首的人。）雅各是第一位為基督犧牲生命的門徒，過去他曾經是個有野心的人，可是他卻成為喝主耶穌所喝的杯的門徒，為主耶穌而殉道。傳說雅各被捉拿之後，態度安詳，坦然為主作見證，竟感動了那捉拿他的兵丁，公開宣布他也要信耶穌，二人同時被處斬。這雖然是傳說，但雅各忠心耿耿的殉道精神，值得我們敬重、佩服。

雅各是個有影響力的人：彼得、雅各、約翰都是主耶穌最親近的同伴，但他們的遭遇迥然不同。讀使徒行傳我們不禁會問，上帝拯救了彼得，為什麼不拯救雅各？為什麼經過三年半的訓練，如今卻「功未成，身先退」？雅各的弟兄約翰是門徒中壽數最長的人，而雅各為什麼如此短命？一樣是耶穌的門徒，為什麼有那麼不同的遭遇？沒有人能回答這些問題，但至少在雅各身上，我們曉得，他的死使猶太人歡喜，這證明他曾熱心傳揚福音，曾為主耶穌作了美好的見證，至少他是個有影響力的人。

雅各雖然死了，福音事工卻未受到攔阻，反而越加廣傳，由亞洲傳到歐洲，直到今日傳到普天下。

今日信徒應有的反省與學習

根據聖經的記載，我們對雅各生平事蹟的瞭解雖然有限，但已經足夠使我們尊敬、佩服。在研讀其平生事蹟之後，我們應該有三個方面的學習：

第一、學習克制自己，以愛心寬恕人：從「求天上降火燒滅撒瑪利亞」的事件中，看出雅各是個缺乏忍耐、脾氣急躁、個性剛烈的人，但是經過主的帶領、感化，性情終有極大的改變，他學會了以謙卑、溫柔和順服去寬恕那些迫害他的人。在省思雅各生平之後，我們也當學習克制自己的情緒，以愛心寬恕那些無理、無禮對待我們的人，這是很難學會的功課，但卻是應該培養的美德。

有一位家庭主婦，搭公車外出購物，公車司機在她還沒全然上車時，就急急忙忙關車門，沒有留神碰到了她的胳臂。沿途由於車速過快，車上無論是站著、坐著的客人，個個都東倒西歪，她想這位司機一定是賭輸了錢，或是受了誰的氣，便將不愉快的情緒，發洩在乘客的身上，而這位主婦正是受了他情

緒感染而悶悶不樂。下車後，她的小女兒鬧著要她抱，她憋不住大吼一聲：「媽媽累，自己走！」孩子因驚恐而哭，無疑地，這位媽媽的情緒受了司機的污染，使無辜的小女孩受到媽媽的牽連而惶恐不安。又如果一位受上司指責的丈夫，被惡劣的情緒污染得灰頭土臉，回到家裡面對妻兒，又互相感染，類似這種惡性循環之後果，誰能消受？一個成熟的基督徒，要學習克制自己的情緒，懂得以愛心寬恕面對無理對待我們的人——不被他人惡劣的情緒所污染，更不會去污染他人的情緒。

第二、學習克制自己，以謙虛服事人：從「求坐在耶穌左、右邊」的事件中，看出雅各野心勃勃、別有企圖。在今日，教會裡的信徒為名、為地位角逐者大有人在，因著這種紛爭而阻礙人跟隨耶穌。學習在教會中謙虛服事人，這是我們在省思雅各生平之後，所當有的回應。基督教有一個教派名叫「貴格會」，又稱為朋友會，他們的信念是：「我在這世界只不過短短一生，凡是有益、可以幫助人的事，應該義不容辭立刻做。我來到世界不過這一趟。」用愛心謙虛地在教會中服事人，這是基督徒在生活中該有的心態。

我曾讀到一篇文章，提到一位牧師前往美國普林斯頓

大學留學，在美國剛下飛機，從普林斯頓大學來了一名司機為他服務，一路上這位矮小的司機非常殷勤、熱心地為他介紹普林斯頓大學神學院的概況。不久車子到達學校，這一位年輕牧師迫不及待地向這矮小不起眼的司機請教有關指導教授的宿舍地址，這位司機才莞爾一笑地表示，他自己就是指導教授，這位年輕牧師深受感動。一個成熟的基督徒，要學習克制自己，不是等待別人的服事，而是樂意謙虛服事人。

第三、學習克制自己，以生活見證信仰：雅各是第一位為基督犧牲生命的門徒，過去他曾經是個有野心與主耶穌享受榮耀的人，後來卻成了為主耶穌受苦犧牲的人，他用自己的生命肯定、見證他的信仰。我們雖然不能以犧牲生命來肯定信仰，但卻可以以生活見證信仰，這是今天信徒所當存有的心志。

曾有篇論及台北的文章，作者提到一個令人心痛的笑話：曾經有人以如何開除不稱職的職員為題，去問一個亞洲銀行家，什麼是最快速的方式，答案是：「告訴他，要把他調到台北服務，他就會立刻辭職。」文中提到台北是亞洲最缺少吸引力的都市：交通阻塞、環境污染、物價高漲、政黨對立、犯罪率節節升高。其結論指出，「台北是一個醜陋的都市」。這話雖有些過分，但卻是事實。其實何止是台北，在上帝的眼光中，世界上有什麼地方是乾淨美麗的呢？然而從聖經中的教

導，我們確信上帝仍然關愛台北這個城市，因為這個城市中不能分辨左、右手的不止十二萬人，上帝豈能不愛惜（拿四11）？因此，我們要有決心，在日常以生活見證信仰，使人有機會歸向上帝。

當你遇見不講理的同胞時，正是使你流露基督徒美好性情的機會；當你遇見會占你便宜、欺侮你的親友時，這是讓你練習為敵人禱告的時候；當你遇見意外的損失時，這要使你經歷世界的一切不可靠，而更加依靠永不改變的主。一個成熟的基督徒，要學習克制自己，以生活來肯定、見證信仰。

生活提醒

記得流行歌手薛岳在罹患肝癌、生命倒數計時的時候，他以演唱《如果還有明天》這首歌，大力推廣其所出版的新唱片。由他唱出這首《如果還有明天》，實在令人感傷，也更加震撼人的心：「如果還有明天，你想怎樣裝扮你的臉？如果沒有明天，要怎麼說再見……」基督徒也理當自問的是：「如果還有明天，你想怎樣活出信仰？如果沒有明天，要怎麼朝見主……。」

第 **5** 章

「跟隨基督，見證基督」
—— 馬太生平的省思

耶穌又出到海邊去，眾人都就了他來，他便教訓他們。耶穌經過的時候，看見亞勒腓的兒子利未坐在稅關上，就對他說：「你跟從我來。」他就起來，跟從了耶穌。耶穌在利未家裡坐席的時候，有好些稅吏和罪人與耶穌並門徒一同坐席；因為這樣的人多，他們也跟隨耶穌。法利賽人中的文士〔有古卷：文士和法利賽人〕看見耶穌和罪人並稅吏一同吃飯，就對他門徒說：「他和稅吏並罪人一同喫喝嗎？」耶穌聽見，就對他們說：「康健的人用不著醫生，有病的人才用得著。我來本不是召義人，乃是召罪人。」（可二13-17）

十二個門徒之一的馬太，是我們所熟悉的馬太福音之作者。他成為耶穌門徒的過程，具有相當的戲劇性：有一天當他坐在稅關上收稅時，耶穌路過那裡，走近他且向他說：「你跟從我來。」他便毫不猶疑，立即撇下一切，起來跟隨了耶穌。從那一天開始，他成為一個肯「為基督作見證」的好門徒。

我們將就聖經所記述，以「跟隨基督，見證基督」為主題，將有關馬太的生活事蹟劃分為三個部分來講述他的生平：①跟隨耶穌之前的馬太，②跟隨耶穌之後的馬

太，③耶穌升天之後的馬太；最後加上今日信徒應有的反省與學習。

跟隨耶穌之前的馬太

　　馬太在跟隨耶穌之前，是一個相當不歡迎的人物，因為他的職務是稅吏。如果要用我們現代的名詞來形容他的人生，那麼他是典型之「富有的貧窮者」。

　　馬太的職業──稅吏：當時的羅馬政府有一套獨特的收稅制度，他們讓人投標包辦某些地區收稅的權利。當一個人標到某一地區收稅權之後，他就必須按時候繳納羅馬政府所規定的金額，而超收的金錢可以留下來，作為自己的佣金。許多的稅吏與羅馬官吏勾結，就藉此機會非法訛詐、勒索自己同胞，稅吏也就自然個個都成為大財主。因此，對猶太人而言，稅吏是人所不齒的「猶奸」、「賣國賊」、「叛教徒」，（因為稅吏在安息日仍然照常收稅，違背安息的原則。）為猶太人所恨惡、鄙視；他們看稅吏和強盜、娼妓與罪人同類（太九10-11）；他們禁止稅吏在法庭作證，甚至透過法律禁止稅吏進會堂。馬太就是猶太地區的稅吏，耶穌呼召馬太時，正是呼召一個大家都恨惡的人。

馬太的學識：耶穌所有的門徒中，如約翰、安德烈、彼得等人，幾乎都是從漁夫中選召出來的，是沒有學問、地位的「小民」，唯獨馬太例外。當年若想擔任稅吏，除了要懂得本國語文之外，一定也要通曉希臘話，因此，馬太必然具備基本的學識，才能獲得「稅吏」這個職位。事實上，他是馬太福音的作者，從這卷書清晰的主題、緊密的架構、豐富獨特的內容，顯示他是一個受過教育、有學識的人。

由於他會同羅馬人壓榨和剝削自己的同胞，這種助紂為虐、為虎作倀的行為，為猶太人所憎恨。他是個貪財、詭詐、自私、生活孤單、寂寞沒有朋友的人，但是主耶穌竟然能更新他、改變他，使他成為偉大的使徒。由此可以知道，沒有一個人的個性會惡劣或頑梗到耶穌無法拯救的程度。

跟隨耶穌之後的馬太

從屬世的眼光看來，耶穌選召一個貪官、叛教者為門徒，實在是不智之舉。事實上，耶穌並非不知道祂所選召的馬太，是人們所恨惡的人；可是耶穌所看見的不只是馬太失敗的過去，更是預見他所能被塑造出的將來，主耶穌深信馬太一定會有所改變，主耶穌也有能力使馬太有所改變。

他是有決心要跟隨耶穌的人：當馬太聽到主耶穌的呼召時，他即刻從稅關上下來跟隨主，路加說：「他就撇下所有的，起來，跟從了耶穌。」（路五28）「撇下所有的」不但表明他的悔改，也表明他的決心。他放棄了發財的門路，也撇下豐富的收入，他正像保羅的體認：「看萬事如糞土，以耶穌基督為至寶。」充分地顯示他是有決心要跟隨耶穌的人。

他是有勇氣公開介紹信仰的人：馬太不像尼哥底母夜裡悄悄地求見主（約三），他認為成為耶穌的門徒是一件最光榮的事、是一件最快樂的事，因此，在他信主之後，就在自己的家裡為耶穌大擺筵席，邀請許多親友、稅吏與主耶穌同席。他所以這樣做有三個原因：慶祝自己的新生，要當眾正式宣告他擺脫稅吏的生活；表達他對主耶穌的感謝與敬愛；吸引親友跟隨耶穌，他想讓親友有機會與耶穌談話，因而認識主、成為主的門徒。果然馬太的希望終有所成就，他所請的客人中有人「也跟隨耶穌」（可二15）。他是有勇氣公開介紹信仰的人。

他是有誠心被信仰所更新的人：聖經中對馬太的記載雖然不多，但我們可以發現他果真是被耶穌所更新的人。從三件事的記載，看出他的個性被基督更新成為謙虛的人：一、他的自我介紹很簡單，唯有馬太福音中自稱為「稅吏馬太」，而「稅吏」並不是光榮的頭銜，這種自我的介紹詞，含有悔改和謙虛

的意義；二、有關他跟隨耶穌之經過，他謙虛地說「他就起來，跟從了耶穌」，而路加則強調「撇下所有的」，從他不誇耀自己為信仰犧牲的描述，我們就可以看出他謙虛、不自我膨脹的美德；三、當他宴請耶穌時，自己並未形容場面的盛大，而路加卻以誇讚的語氣描述馬太在自己的家裡，為耶穌「大擺」筵席，我們就可以看出馬太信主以後，果真是被耶穌所更新，而具有謙虛、不自我膨脹的美德。

馬太是真心跟隨耶穌的人，他是熱心介紹耶穌的人，他果真是被耶穌所更新的人。

耶穌升天之後的馬太

馬太撇下所有的財富、地位，以及一切的惡習，真心地成為耶穌的門徒。在耶穌升天後，他更加忠心地服事主，為基督的福音作見證。

他用他的恩賜來見證福音：馬太的職業是稅吏，因此他一定是個有學識、有思想、有條理並善於記錄的人。馬太本來用筆來賺錢、來訛詐人，但後來卻用他的筆記載登山寶訓和主耶穌的很多教訓來傳福音、造就人（上帝

所賜的才能可以用來行善或為惡）。上帝需要彼得、約翰的口才傳道，也需要馬太的文字記載來傳揚耶穌的福音。馬太所寫的馬太福音，是記載耶穌生平事蹟最詳盡的一卷書，這卷書幫助千千萬萬人認識基督，也堅固千千萬萬信徒們的信心。主耶穌居然用一個貪婪、自私、詭詐、視錢如命、為人所不齒的稅吏，成就此一偉大的事，真讓我們驚訝與讚嘆。

他用他的生命來見證福音：馬太在主耶穌升天之後，在猶太人中傳道達九年之久，傳說後來他走遍非洲各地佈道，建立耶穌的教會，最後殉道而死，有人說他死得很慘，被剁成肉醬。馬太遵守自己所記載、主耶穌所說「你們要去，使萬民作我的門徒」之教訓，而且用他的生命來見證福音。

今日信徒應有的反省與學習

根據我們所研讀的馬太生平事蹟中，至少有三方面可以幫助我們成為「為基督作見證」的基督徒：

第一、效法馬太，願意決志成為信徒：在十二個門徒中，馬太是捨棄最多、最大的人。彼得、雅各、約翰等人皆以捕魚為業，雖然他們也捨棄他們的職業來跟隨主，但是海裡的魚是捕捉不盡的，他們隨時都「可以」回去重操此一職業；而馬太

則不同，當他決志跟從主，他就放棄一份收入優厚的職業，而後，他再也不可能復職，這是一個多麼偉大的決定。從此以後，他破釜沉舟、毫不保留，專心跟隨耶穌。在我們的一生中，我們也需要像馬太一樣，作出這樣重要的決定──願意決志成為信徒。有些朋友們常常到教會聚會，明白很多的聖經真理，也發現基督福音的可貴，可是仍舊不肯決志成為基督徒，也不肯受浸加入教會，一直徘徊在信仰的門前，而無法真正獲得救恩，這實在是非常可惜。若您已發現基督福音的可貴，卻未曾決志成為基督徒，如今在研讀馬太生平事蹟之後，就應當效法馬太，下定決心願意立志成為耶穌的信徒──永不退卻。

第二、效法馬太，願意公開分享基督的信仰：當馬太信主之後，就「在自己的家裡為耶穌大擺筵席」，邀請許多親友、稅吏與主耶穌同席。他之所以這樣做，是為了公開宣告自己的信仰，也想讓親友有機會與耶穌談話，因而認識主、成為主的門徒。果然馬太的希望終不落空，他所請的客人中有人「也跟隨耶穌」（可二15）。這種在工作環境中、社交應酬上，不以福音為恥且敢公開承認自己是基督徒，也關心親友靈命、信仰的心志，是我們所當學習效法的。常人所關心的是家人的學業、健康、事業，卻不實際關心他們的道德與信仰，當我們研讀馬太生平事蹟之

後，應當效法馬太，在任何環境中，不以福音為恥，且有勇氣公開承認自己是基督徒，也願與親友分享基督的信仰，創造親友與福音接觸的好機會——幫助他們棄除攔阻（例如：招待他們晚餐、為他們預備交通工具），使他們有機會參加教會所舉辦的佈道會，這是我們所下定的決心。

第三、效法馬太，成為不誇耀自己的人：馬太在寫馬太福音的時候，很少提起自己的優點（反而是其他福音書的作者在同一事件中稱讚他）。在他所寫的馬太福音，常常提到彼得、約翰、雅各，就是不常提到自己名字。馬太信主之後變得很謙虛，覺得自己微不足道、不值一提，雖然路加在路加福音中常提起馬太、誇讚馬太。馬太這種不誇耀自己的優點值得我們效法。

今天的信徒在教會的服事上，有兩個缺點：一、不肯在教會中委身服事；縱然在教會願參與服事，卻不盡心盡力或是在埋怨中服事。第二、即使在教會稍有服事，但是常渲染自己、誇耀自己。當我們越服事主、越被主所重用時，更要求主幫助我們懂得謙虛、不誇耀自己、不偷竊上帝的榮耀。在日常生活中，您會發現水燒到快開時，壺中便會發出「荷呼」的大聲響，您也許認為開了，其實不然，水響不見得水開了。再等一會兒，水聲逐漸轉弱，至終剩下幾乎聽不見冒水蒸氣的微聲，水才真正開了，這就是俗諺所謂「響水不開，開水不響」。謙

虛（不誇耀自己、不渲染自己）是靈命成熟的標記，當我們研讀馬太生平事蹟之後，應當效法馬太，成為不誇耀自己的人。

馬太是一位懂得把握機會接受信仰、傳揚信仰、活出信仰的人。

生活提醒

「沒有聲音的人！」這是李登輝前總統對李元簇前副總統的讚語，可惜，很多人都誤解了他的意思。我深信李前總統所言積極含意是指李元簇先生是一位肯「默默無聲做事的人」。事實上，基督徒也要學習成為「沒有聲音」的人，更要學習成為「有聲音」的人；但是，當求主給我們智慧分辨什麼時候該成為「有聲音」的人，什麼時候該成為「沒有聲音」的人，這是我們研讀馬太生平之後該有的祈禱與見證——讓我們懂得成為「沒有聲音的人」（用我們的好行為來見證福音），也懂得成為「有聲音的人」（用我們的口來向世人分享、見證基督的信仰）。

「跟隨基督，見證基督」這是我們在省思馬太生平後，所當持守、實踐的目標。

第**6**章

「己立立人，己達達人」
——約翰生平的省思

約翰說：「夫子，我們看見一個人奉你的名趕鬼，我們就禁止他，因為他不與我們一同跟從你。」耶穌說：「不要禁止他；因為不敵擋你們的，就是幫助你們的。」

耶穌被接上升的日子將到，他就定意向耶路撒冷去，便打發使者在他前頭走。他們到了撒瑪利亞的一個村莊，要為他預備。那裡的人不接待他，因他面向耶路撒冷去。他的門徒雅各、約翰看見了，就說：「主啊，你要我們吩咐火從天上降下來燒滅他們，像以利亞所做的嗎？」耶穌轉身責備兩個門徒，說：「你們的心如何，你們並不知道。人子來不是要滅人的性命，是要救人的性命。」說著就往別的村莊去了。（路九49-56）

親愛的弟兄啊，我們應當彼此相愛，因為愛是從上帝來的。凡有愛心的，都是由上帝而生，並且認識上帝。（約壹四7）

約翰這個名字，在耶穌的時代很普遍，也是人們所喜歡取用的名字。約翰出身於捕魚的家庭，當時的猶太人曾形容他為「沒有學問的小民」（徒四13），然而他所寫

的約翰福音、約翰三封書信、啟示錄，卻是文辭優美、結構緊密、主題清晰的書卷。他年輕時，因著脾氣暴躁衝動，被耶穌另取名為「雷子」。有一次在氣憤之下，他竟要祈求上帝降火燒滅那些反對他的人（路九54）；但是到他年老時，卻寫了多封勸勉人要彼此相愛的書函。他認識基督，也被基督所更新、改變，他更成為忠心不渝傳揚基督福音的人。

我們將以「己立立人，己達達人」為題目，來思想約翰的生平，藉此鼓勵諸位成為「活出信仰，分享信仰」的好信徒。我們將經由三個重點來講述約翰的生平：①在耶穌傳道期的約翰，②在耶穌受難期的約翰，③在耶穌升天後的約翰；最後才加上今日信徒應有的反省與學習。

在耶穌傳道期的約翰

當約翰聽說施浸約翰在約但河岸開始宣講悔改的福音時，他立刻從加利利跑到猶太曠野跟隨施浸約翰，成為他的門徒。

約翰成為門徒的經歷：有一天，施浸約翰向眾人說：「我是用水施浸，但有一位站在你們中間，是你們所不認識的，就是那在我以後來的，我給他解鞋帶也不配……看哪，上帝的羔羊，除去世人罪孽的！」（約一26-29）於是約翰回頭看看老師

所指的是誰，想不到竟然是他的表兄耶穌。（傳統上有解經家說約翰的母親撒羅米，是耶穌母親馬利亞的妹妹。）他懷疑這位從小就認識的表兄是否真的是上帝的羔羊，和耶穌仔細談過之後，他相信了，從他所寫的約翰福音中為耶穌所作的見證，看出他信得相當徹底。

約翰的性格：約翰與他的兄弟雅各同時成為主耶穌的門徒，因為他們兄弟的性情急躁，所以主耶穌給他取名叫「半尼其」，就是雷子的意思（可三17）。有一次約翰看到有人奉主的名趕鬼，可是又不和門徒一起跟隨主，他就憤憤不平地禁止那人繼續為主工作（路九49）。他之禁止他們不是因為這些人的品德或信仰有問題，乃是因這些人不與約翰一起跟隨主，由此我們可以看出約翰器量非常狹窄。又有一次他們和主耶穌到撒瑪利亞的一個村莊，那地方的人不接待主，他看見了就求主從天上降下火來燒滅他們（路九51-56）。或許他不明白，雖然撒瑪利亞人是罪人，但是上帝仍然愛他們，上帝的工作是拯救不是毀滅。約翰是一個既衝動又心胸狹窄的人。

約翰的成長：約翰「雷子」的性情，逐漸被主所感化、被聖靈所熔化，成為「愛的使徒」。而對他的器量狹窄，主耶穌曾說：「因為沒有人奉我的名行異能，反倒輕

易毀謗我。不敵擋我們的，就是幫助我們的。」（可九39-40）約翰接受主耶穌的指責且牢記在心，後來他提醒信徒們：「親愛的弟兄啊，我們應當彼此相愛，因為愛是從上帝而來的。凡有愛心的，都是由上帝而生，並且認識上帝。」（約壹四7）他真的被主耶穌所更新、感化，成為充滿愛心的使徒。約翰是一位被主耶穌所更新的人。

在耶穌受難期的約翰

　　約翰、彼得、雅各是十二個門徒中，耶穌喜愛的三門徒。當耶穌讓睚魯的女兒復活時（可五37）、在山上改變形像時（太十七1-13）、在客西馬尼園禱告時（可十四33），都帶著他們三位。這其中約翰尤其被稱為「耶穌所愛的門徒」，所以耶穌會在離世前將母親託付於他。

　　約翰遠遠地跟隨耶穌：在耶穌受難的那一天，耶穌差派他協助彼得準備最後逾越節的晚餐（路廿二8）；當耶穌受難的那一天晚上，他也因一時的害怕，和別的門徒離棄耶穌逃跑了。但是由於他深深敬愛耶穌的一片真情，他立刻又轉回來，遠遠地跟隨耶穌，且步隨到衙門，探聽耶穌的命運究竟會如何。

　　約翰真情地陪伴耶穌：走出衙門之後，他勇敢跟隨主耶穌

走向加略山，在那裡他親眼看見耶穌所遭遇的痛苦和慘死，親耳聽見耶穌在十字架上所說的每一句話，他是唯一站立在十字架下的使徒。主耶穌在痛苦的時候，將自己的母親託付他照顧。「耶穌見母親和他所愛的那門徒站在旁邊，就對他母親說：『母親，看，你的兒子！』又對那門徒說：『看，你的母親！』從此，那門徒就接她到自己家裡去了。」（約十九26-27）這時彼得在哪裡？其他的門徒在哪裡？我們不知道，只知道約翰在場陪伴著耶穌。約翰是耶穌所託付的人，約翰也沒有讓耶穌失望。約翰是一位對主耶穌忠誠的人。

在耶穌升天後的約翰

五旬節聖靈降臨之後，約翰以耶路撒冷為傳福音的中心。他和彼得一同出入，為復活的耶穌作見證；他們施行各種神蹟，堅固了眾人的信心，成為初代教會的兩根柱子。

約翰的牧會和著作：主後七十年耶路撒冷被毀，約翰就往亞細亞各地去傳福音。他晚年定居以弗所，在該處牧養教會。在以弗所他寫了約翰福音和約翰一、二、三書。後來當羅馬皇帝豆米仙（Domitian）逼迫教會時，他從

以弗所被放逐到拔摩海島（愛琴海裡的一個荒島），在那裡主耶穌向他啟示異象，使他完成聖經的最後一卷書——啟示錄。在他所有著作中，他強調每一個基督徒要遵行兩大原則：第一是信耶穌，第二是要彼此相愛。信耶穌能使我們成為上帝的兒女；作上帝的兒女能彼此相愛，是在行為上證明我們是上帝的兒女。約翰強調一個人若不能愛他所看得見的弟兄，就不能愛沒有看得見的上帝（約壹四20）。「信」是成為基督徒的起點，「愛」是基督徒的標誌。有信、有愛，才能成為好信徒。

約翰的晚年與宣講：在豆米仙皇帝死了以後他被釋放，就返回以弗所工作，大約主後一百年死於以弗所，是十二使徒中壽數最高的一位（享年約一百歲）。到其晚年，需要弟子扶他才能登上講台，他總是三番五次地說：「小子們！你們要彼此相愛。」門徒與會眾因他常常重複這一句話，久而久之難免聽膩了。有一天他們不耐煩地說：「老師！你不能給我們講些別的道理嗎？為什麼老是講這一句呢？」約翰回答說：「這是主的命令，你們只要做到這一點就夠了，因為所有的誡命都包括在彼此相愛之內。」事實上，整個教會就是建立在這個「愛」字上，愛是信徒的標誌。約翰又名雷子，是一個性情急躁衝動、缺乏愛心的人，主耶穌用「愛」感化他、教導他，他終於成為充滿愛心的人。約翰是一位實踐、宣揚愛心真理的人。

今日信徒應有的反省與學習

聖經中對於約翰言行事蹟的記載，可以說是相當豐富，當我們簡略敘述其生平時，從他的身上可以有三方面的學習：

第一、讓自己成為被主更新的人：約翰又名雷子，是一位性情急躁衝動、心胸狹窄、缺乏愛心的人，被主耶穌所感化、教導，被聖靈所熔化，終於成為充滿愛心的人。從約翰的身上我們也當反問自己，信主至今，我們的性情、脾氣，是否真的被主耶穌更新了呢？基督的信仰改變我們多少呢？這是值得我們反省的課題。

有人問一位藝術家：「你如何將一塊石頭雕刻成這麼唯妙唯肖的大象來？」他回答說：「很簡單，我不過是把那些不像大象的部分拿掉，象就出來了。」如果我們也能把不像基督的部分，從我們人生中挪走、丟棄，基督榮美超然的形象自然就出來了。當我們研讀約翰的生平後，要下定決心，讓我們的性情、脾氣，真的被主耶穌更新；讓自己的性情、品格越進步、越成熟！

第二、讓自己成為勤勞、肯上進的人：約翰出身於捕魚的家庭，當時的猶太人曾形容他為「沒有學問的小

民」（徒四13），然而約翰所寫的約翰福音、約翰三封書信、啟示錄，卻是文詞優美、結構緊密、主題清晰的書卷。除了來自上帝賞賜給他智慧之外，從約翰福音中那麼有深度的神學思想與結構，看出主升天後的五、六十年間，約翰必然相當努力上進，他不但在屬靈的經歷上有所追求，也必然會在屬靈、屬世的知識上有所充實。一個基督徒能夠有所成就，除了倚靠上帝「神蹟式」的幫助之外，自己肯在各方面努力追求進步也是不可忽視的一環。

英國第一位偉大的宣教士克理威廉（William Carey, 1761-1834），出身貧困家庭，書讀得很少，作了七年鞋匠。他在工作餘暇，學習希臘文、義大利文、拉丁文、希伯來文、荷蘭文⋯⋯，一方面又在本村傳福音；他在鞋店掛了一張世界地圖，常分別為各國的需要禱告。一七九三年他得到機會，前往印度孟加拉傳道，到達後方知印度言語複雜。威林克理憑著他的勤奮、上進並聖靈的幫助，將新約聖經翻譯成十八種方言，連部分舊約單行本，共計翻譯了三十四種之多。由此看來，「聖靈的幫助、個人的勤勞」是一個基督徒能夠有所成就的基本條件。勤勞、肯上進，這是我們研讀約翰生平後，所當學習的榜樣。

第三、讓自己成為被愛所充滿的人：約翰在晚年時，需要

弟子們扶他才能登上講台，他總是三番五次地說：「小子們！你們要彼此相愛。」這是他對所有信徒的基本要求。如果「愛」是基督徒的標誌，那麼如何將「愛」實踐在生活中？如何使自己成為被愛所充滿而不自私的人？這是當我們研讀約翰生平後，所該立定的決心。奧古斯丁曾說：「只要有愛心，凡事都可做；因為當我們真愛人的時候，就不會有害人的心，加諸我們所愛的人了。」

曾經有兩兄弟到餐館吃牛排。當牛排送來時，一塊較大、一塊較小，弟弟豪不客氣地挑大的。哥哥責備他說：「怎麼這麼沒有禮貌，自己挑大的吃？」弟弟回答說：「哥哥，如果你挑，你會挑哪一塊？」哥哥說：「我當然挑小的。」弟弟說：「那樣，你所要的你已經得著了，還有什麼怨言可說呢？」弟弟當然是自私又強詞奪理。哥哥若不自私，就不與之計較；若有愛心，就情願弟弟吃大的，其責備原因乃出於自私。摒除自私的惡念，使自己「充滿愛心，更願以愛心去感化別人」，這是當我們研讀約翰生平之後，所當確立的生活見證。

生活提醒

美國有一個醫院的護士對軍中牧師說：「這些傷患有

的太不講理，粗野無禮，實在叫人難堪。」軍中牧師說：「我也常遇見這種人，但我每遇見這類的事，我就感謝主。」護士聽了說：「牧師是說笑話吧！不發怒已經夠難了，怎能感謝主呢？」牧師說：「比方你拿著一個杯子，經人一碰，內容就灑出來，使人看出裡面所裝的是藥水還是牛奶。我們信主的人，經人頂撞之後，才顯出溫柔、和平、仁慈、善良。這是上帝所賜的機會，不應該感謝主嗎？」如果我們心中有了愛，當人頂撞我們時，不但能灑出愛來，也必能以愛感化那存心頂撞的人。

「己立立人，己達達人」，成為「活出信仰，分享信仰」的好信徒，這是我們研讀約翰生平之後，所當效法、努力實踐的目標。

第 7 章

「肯定信仰，堅定信心」

——多馬生平的省思

　　耶穌說了這話，隨後對他們說：「我們的朋友拉撒路睡了，我去叫醒他。」門徒說：「主啊，他若睡了，就必好了。」耶穌這話是指著他死說的，他們卻以為是說照常睡了。耶穌就明明地告訴他們說：「拉撒路死了。我沒有在那裡就歡喜，這是為你們的緣故，好叫你們相信。如今我們可以往他那裡去吧。」多馬，又稱為低土馬，就對那同作門徒的說：「我們也去和他同死吧。」（約十一11-16）

　　「你們心裡不要憂愁；你們信上帝，也當信我。在我父的家裡有許多住處；若是沒有，我就早已告訴你們了。我去原是為你們預備地方去。我若去為你們預備了地方，就必再來接你們到我那裡去，我在哪裡，叫你們也在那裡。我往哪裡去，你們知道；那條路，你們也知道〔有古卷：我往哪裡去，你們知道那條路〕。」多馬對他說：「主啊，我們不知道你往哪裡去，怎麼知道那條路呢？」耶穌說：「我就是道路、真理、生命；若不藉著我，沒有人能到父那裡去。」（約十四1-6）

　　過了八日，門徒又在屋裡，多馬也和他們同在，門都關了。耶穌來，站在當中說：「願你們平

安！」就對多馬說：「伸過你的指頭來，摸〔原文是看〕我的手；伸出你的手來，探入我的肋旁。不要疑惑，總要信！」多馬說：「我的主！我的上帝！」（約二十26-28）

有關多馬的身世背景，我們所能知道的極為有限。在四福音書中除了約翰福音記載三次的獨特線索，使我們得以稍為認識這位門徒之外，其他的僅提到他的名字。從聖經片段的記述，看出他是一位對信仰常存懷疑的人，但他也是一個坦誠真實的人。他的懷疑是出自求真的疑問，因為他一旦明白真實的意義後，就接納且恆心遵守，甚至犧牲生命也在所不惜，這是值得我們效法的。

我們以「肯定信仰，堅定信心」為題目，思想多馬的生平，藉此鼓勵諸位成為「有智慧、有信心」的好信徒。我們根據約翰福音，看出三項動人的事蹟：①他願與主共赴死難（約十一11-16），②他願求主解明疑惑（約十四1-6），③他願向主全然皈依（約二十26-28）；最後才加上今日信徒應有的反省與學習。

他願與主共赴死難

從經文（約十一11-16）中看出，多馬是一位忠心願與主共赴死難的人。

多馬向主耶穌所表達的決心：當主耶穌在世的傳道工作將近結束時，祂已經廣受眾人之擁戴，有些人甚至計畫推祂為猶太人的王，因此引起耶路撒冷宗教領袖的妒嫉；加上耶穌公開對一些宗教領袖作出嚴厲的責備，終於導致殺身的威脅。這時突然有來自伯大尼的消息說，耶穌所愛之人拉撒路病危，於是兩天後耶穌決定要前往探視。門徒因擔心其生命之安危，而力勸耶穌不該前往，他們說：「拉比，猶太人近來要拿石頭打你，你還往那裡去嗎？」耶穌回答說：「我們的朋友拉撒路睡了，我去叫醒他。」由於門徒不瞭解祂的含意，因此又說：「主啊，他若睡了，就必好了。」耶穌只好坦白地又說：「拉撒路死了。」事實上，門徒們都不想要往伯大尼去，因為那地太接近耶路撒冷，對耶穌而言是冒著被殺害的危險。多馬看到耶穌堅決前往，於是多馬就對其他門徒說：「我們也去和他同死吧。」（現代中文譯本翻譯為：「我們跟老師一道去，跟他一起死吧！」當代聖經譯本翻譯為：「去吧！要是死也讓我們跟老師一塊死吧！」）這種表達願與主共赴死難的壯語，是給我們的第一個印象。

多馬表達決心的重要意義：那時候的門徒，認為與耶穌前往耶路撒冷無異是自投羅網，他們因為怕死而裏足不前。可是，多馬開口說話激勵他們，大無畏地說：「我們也去和他同死吧。」意思是說：「假使是主要我們去的地方我們就該去，縱然一起死也不在乎。」他因著愛耶穌，所以在其他門徒猶豫、害怕的時候，表達願意往耶路撒冷與主耶穌共赴危難的決心。多馬真心地願意與主同死，正如彼得也曾許下與主同死的諾言，所以我們看出多馬對主非常忠心。跟隨主的人不一定能保證自己不會跌倒，重要的是跌倒後能重新站起來；彼得、多馬是跌倒後都能爬起來忠心跟隨主的人。多馬是一位忠心、願與主共赴死難的人。

他願求主解明疑惑

從經文（約十四1-6）中看出，多馬是一位願認真求主解明疑惑的人。

多馬向主耶穌提出疑惑：逾越節晚餐之後，主耶穌對門徒說：「你們心裡不要憂愁；你們信上帝，也當信我。在我父的家有許多住處；若是沒有，我就早已告訴你們了。我去原是為你們預備地方去……我往哪裡去，你們知道；那條路，你們也知道。」這時充滿疑惑的多馬，很坦白、實際地問主說：「主

啊,我們不知道你往哪裡去,怎麼知道那條路呢?」主耶穌很正面地回答多馬說:「我就是道路、真理、生命;若不藉著我,沒有人能到父那裡去。」多馬和門徒終於明白,基督是到父那裡的道路。

多馬提出疑惑的重要與意義:多馬是一個很誠實的人,他絕不會對自己「不知道」的真理,卻裝成「知道」的樣子,所以有不明白的問題即刻就發問。其實對信仰有疑問並不可恥,若肯虛心尋求答案,必然找到。一個認真、誠實的懷疑者,若肯虛心尋求答案,不但能找到,而且信仰會因此更肯定,信心也必然更堅定。多馬認真而誠實的發問,使耶穌講出一項極為重要的道理。多馬認真地求主解明疑惑的態度,值得我們效法學習。總之,多馬是一位認真願求主解明疑惑的人。

他願向主全然皈依

從經文中(約二十26-28)看出,多馬是一位願認真向主全然皈依的人。

多馬向主耶穌表達他全然的皈依:在七日的第一日,復活的耶穌向眾門徒顯現,多馬不在場,門徒就告訴他

主耶穌復活顯現的事。但他以為門徒們可能受到迷惑或幻覺而不肯相信，便詢問他們是否實在地摸過耶穌的釘痕，他甚至堅決地宣告說：「我若不摸著釘痕，就總是不信……。」過了八天，門徒又聚集，多馬也在，門關閉，主耶穌來了，特意招呼多馬用手探其肋旁、摸其釘痕，多馬見到主，顯出最高的信心而說：「我的主！我的上帝！」他的懷疑立刻瓦解，他信心堅定了，也就全然皈依了。

　　多馬表達全然皈依的意義與重要性：雖然主曾說：「那沒有看見就信的有福了。」但是在多馬的身上，我們仍可看見他的長處：首先，多馬「拒絕」對他「不相信」的事假裝說他「相信」，他是一位真誠的人。其次，當他發現真理時，他會毫不猶豫地即刻全然相信，他以敬畏的口吻向主耶穌說：「我的主！我的上帝！」根據一本名為《多馬行傳》的次經，敘述他的一些經歷：在耶穌升天之後，他的腳跡遍及阿富汗、印度。阿富汗有許多猶太人居住，多馬在此傳福音，引導他們信主。現在印度仍有歷史悠久的多馬教會，用來記念這一位在印度殉道者。傳說他正跪著禱告的時候，被亂箭射死，不管他是什麼方式殉道，這一位對主耶穌有所懷疑的人，終成為信心最堅定的人。多馬是一位願認真向主全然皈依的人。

今日信徒應有的反省與學習

根據聖經所記載，我們對多馬的生平事蹟瞭解雖然有限，但足以使我們尊敬他、效法他。我們若肯在下列三方面有所學習，必然能幫助我們的信仰更肯定、信心更堅定：

第一、要有即刻接受基督信仰的決心：在多馬身上，我們看見他的長處：他「拒絕」對他不相信的事偽裝自己相信，他是一位真誠的人。在他發現真理時，他即刻真誠地全然相信，甚至為信仰犧牲生命也在所不惜，這是值得我們學習的。我們能有這種決心與毅力嗎？

今天有很多人聽道的年資悠久，對主的真理知道得很多，承認上帝是獨一真神，也肯定基督信仰的可貴，但是卻不肯下定決心即刻接受這個信仰，情願徘徊在信仰的門口。他總是想：「基督信仰是很好，我遲早會相信、會受浸，不過時間還早，讓我再等一段時間吧！」雖然明白卻是拖延，甚而拒絕。有一個故事很能提醒我們：話說有一群鬼魔開會商討如何使人不接受基督的信仰。第一個說：「讓我們大力宣傳沒有上帝。」第二個發言：「讓我們大力宣傳沒有地獄。」第三個發言：「讓我們大力宣傳聖經所載都是謊言。」一番商討下來，一致認為這三個策

略對有心追求信仰的人是無效的，因而覺得非常失望。最後有一個小鬼魔提出建議：「讓我們委婉地提醒人們，基督信仰很寶貴且真實，但是『來日方長』，不妨先享受自由一段時間，到病危時才信耶穌，仍然可以得救。」這個建議獲得全體鼓掌通過，從此小魔鬼就在人的耳邊，聲聲誘導「來日方長」四個字……。

今天有些人雖然知道該接受基督信仰，有些信徒雖然知道該盡力服事主，但常被「來日方長」的觀念所轄制、所矇騙。可惜死亡常會突然來臨，使人措手不及而無法得救，這真是中了魔鬼詭計。讓我們從多馬的身上獲得第一個重要的教誨，在我們明白真理時，就要有即刻接受基督信仰的決心。諸位聽道者要效法多馬，盡速接受自己所知道的真理。

第二、要有追求明白基督信仰的決心：多馬是一個很誠實的人，他絕對不會自己不知道真理卻偽裝成已經知道的樣子，他不想一知半解、似懂非懂，所以有不明白的問題就即刻發問。其實，對信仰有疑問並不可恥，若肯虛心尋求答案，必然能夠找到。一個認真、誠實的懷疑者，若肯虛心尋求答案，不但能找到，而且信仰也必因此更為肯定，信心也必然更堅定。

　　「為什麼？」幾乎是成長中孩子共有的口頭禪，奇怪的是，隨著年齡的增長，人們好像就不那麼勇敢地發問了。平常我們常會說某人很有學問，「學問」其實有「學習發問」的意思。古人在悟道方面有明言說：「大疑大悟，小疑小悟，不疑不悟。」從多馬的生平，使我們體認出「懷疑」不是罪，但是若不盡速解決懷疑，便能導致我們犯罪。真誠的懷疑是信仰的起步，只要我們真誠地面對懷疑，反而會使我們的靈性更健康，且能改變我們的人生。有什麼疑問攔阻你信耶穌呢？將你的疑問坦誠告訴主。（坦誠地告訴主：「我信不下去，請主幫助！」）要勤於研讀聖經、參加主日學、向牧者請教，你的懷疑才能迎刃而解。讓我們從多馬的身上獲得第二個重要的教誨，就是要效法多馬有決心追求明白基督的信仰。基督徒要追求明白自己所信的真理。

　　第三、要有堅定持守基督信仰的決心：當多馬向主說：「我的主！我的上帝！」之後，他堅心地信賴主的引導，對上帝有足夠的信心。我們都是「信」耶穌的人，我們對上帝真的有信心嗎？我們真的在任何環境中都信任祂，不懷疑祂的慈愛、祂的能力？我們深信祂會垂聽我們的禱告嗎？我們的信仰真的能達到「威武不能屈、富貴不能淫、貧賤不能移」的地步，像多馬能經得起考驗

為真理而殉道嗎？再另一方面，聖經上也曾說：「使我們勝了世界的，就是我們的信心。」信心是信上帝能做人不可能做的事，對上帝有這種堅定的信心才能勝過困難，也才能有真正的喜樂。世界上最富裕、最快樂的不是有錢人，乃是向上帝有堅定信心的人。

一個基督徒懂得信任耶穌、信託耶穌、信從耶穌，你我所說的「信耶穌」是這種「信」嗎？讓我們從多馬的身上獲得第三個重要的教誨，就是要效法多馬有堅定持守基督信仰的決心。基督徒對上帝要有強烈堅定的信心。

生活提醒

曾在《讀者文摘》中讀到一篇值得回味的故事：小王是虔誠的基督徒，某同學常開他的玩笑。該同學有一次問大家：「你們看見那一棵樹嗎？」每個人都點頭表示看見之後，他挑釁地繼續問：「有人見過上帝嗎？沒有！那就證明祂不存在。」大家轉過頭來注視小王，看看他怎樣反應，只見他心平氣和地問大家：「你們看見那一位同學嗎？」大家都點點頭表示看見之後，他又問：「你們見過他的智慧嗎？沒有！那就證明它不存在。」從那時起，那同學再沒有刁難小王……。上帝雖然不能用人的肉眼看見，但上帝的存在是無可懷疑的，祂

的確活在我們的心中，這是我們的經驗，也是所當肯定的信仰。

　　「肯定對基督的信仰，堅定對上帝的信心」，成為「有智慧、有信心」的好信徒，這是我們在省思多馬生平後，所當活出的見證。

第 **8** 章

「環境考驗信心，
　　信心創造環境」
—— 腓力生平的省思

　　又次日，耶穌想要往加利利去，遇見腓力，就
對他說：「來跟從我吧。」這腓力是伯賽大人，和
安得烈、彼得同城。腓力找著拿但業，對他說：
「摩西在律法上所寫的和眾先知所記的那一位，我
們遇見了，就是約瑟的兒子拿撒勒人耶穌。」拿但
業對他說：「拿撒勒還能出甚麼好的嗎？」腓力
說：「你來看！」（約一43-46）

　　那時猶太人的逾越節近了。耶穌舉目看見許多
人來，就對腓力說：「我們從哪裡買餅叫這些人吃
呢？」（他說這話是要試驗腓力；他自己原知道要
怎樣行。）腓力回答說：「就是二十兩銀子的餅，
叫他們各人吃一點也是不夠的。」（約六4-7）

　　那時，上來過節禮拜的人中，有幾個希利尼
人。他們來見加利利伯賽大的腓力，求他說：「先
生，我們願意見耶穌。」腓力去告訴安得烈，安得
烈同腓力去告訴耶穌。（約十二20-22）

　　腓力對他說：「求主將父顯給我們看，我們就
知足了。」耶穌對他說：「腓力，我與你們同在這
樣長久，你還不認識我嗎？人看見了我，就是看

見了父；你怎麼說『將父顯給我們看』呢？」（約十四
8-9）

在耶穌的十二個門徒中，彼得、雅各、約翰、安得烈這幾
位是較為人所熟悉的人物，現在我們將介紹另一位比較陌生、
名叫腓力的門徒，期待我們可以從腓力生平的點滴中獲得啟
發，而願意建立禁得起環境考驗的信心、能創造環境的信心。

腓力是希臘名字，這個名字本來與使徒行傳所記述、往曠
野向太監傳福音的腓利是相同的字，但卻是兩個不同的人。為
避免讀者將這兩人混為一談，中文聖經將其譯成不同的中文名
字──「腓力」與「腓利」。有關腓力的生平，除了約翰福音
有零星的敘述之外，其他三卷福音書幾乎都沒有任何的介紹，
我們特將約翰福音的零星敘述，分為三個重點來作為省思其生
平的依據：①腓力是一個熱心追求真理的人，②腓力是一個常
被環境所限制的人，③腓力是一個有心突破懷疑的人；最後是
今日信徒應有的反省與學習。

腓力是一個熱心追求真理的人（約一43-46）

腓力的第一個特點就是：他是一個熱心追求真理的人，因
此他樂意跟隨耶穌，也懂得如何向人介紹耶穌。

　　從他對耶穌之呼召的回應，看出他是一個熱心追求真理的人：根據約翰的描述，腓力是伯賽大人，有一天，主耶穌在往加利利的路上遇見腓力，就對他說：「來跟從我吧。」這麼一個簡單的呼召，腓力就跟從了耶穌，成為耶穌的門徒。為什麼腓力會這麼容易就接受呼召，成為耶穌的門徒？其實從他對拿但業所說：「摩西在律法上所寫的和眾先知所記的那一位，我們遇見了，就是約瑟的兒子拿撒勒人耶穌。」這一番話，我們可以體會到這精細的介紹詞是經過腓力認真地研究聖經，仔細地觀察耶穌言行，小心求證，才獲得的結論。他對耶穌早已有所嚮往，因此，主耶穌一句簡短「來跟從我吧。」就吸引他成為耶穌的門徒。事實上，他是一個熱心追求真理的人。

　　從他對拿但業之嘲笑的回應，看出他是一個熱心追求真理的人：腓力成為門徒之後，也就立刻成為宣教士。聖經上提到當腓力向拿但業講完有關耶穌精細的介紹詞後，拿但業以嘲笑的口吻反駁說：「拿撒勒還能出甚麼好的嗎？」腓力沒有辯駁，卻很實際地回答說：「你來看！」腓力根據他所明白的聖經真理及他所認識的耶穌，肯定耶穌正是他所期待的彌賽亞，這些事實經得起考驗，因此他邀請拿但業來接近、觀察、經驗耶穌，就會明白。拿但業果然看見就信了，而且成為耶穌的門徒。腓力以堅定的信

心、智慧的態度來征服拿但業的嘲笑，由此看出他是一個熱心追求真理的人。

腓力是一個常被環境所限制的人（約六4-7，十二20-22）

腓力的另一個特點是缺乏信心，常被自我、環境所限制。從他失敗的經驗中，我們可以領悟到一個真理，那就是「環境考驗信心，信心創造環境」。

從耶穌用五餅二魚讓五千人得飽足的過程中，看出腓力是一個被環境所限制的人：聖經上說：「耶穌舉目看見許多人來，就對腓力說：『我們從哪裡買餅叫這些人吃呢？』（他說這話是要試驗腓力。）」其實耶穌知道要怎樣行，只是要藉此考驗腓力的信心。可惜，腓力這次考試不及格。他回答主說：「就是二十兩銀子的餅，叫他們各人吃一點也是不夠的。」腓力的回答是根據自我的「計算」，而忘記了耶穌的「能力」。當腓力只是看環境、看自己，只用腦筋來盤算時，就都是難處；（例如：二十兩銀子的餅也不夠吃，何況也沒有二十兩銀子，更也找不到地方可買。）但是，他若肯用信心依靠那會行神蹟的主耶穌，祈求那會行神蹟的主耶穌，什麼難處就都沒有了。我想，當耶穌行過這神蹟後，腓力一定會自責地說：

「唉！當時我的信心為什麼那麼薄弱！」因為對主耶穌缺乏信心，導致腓力成為一個被環境所限制的人。

從希利尼人求見耶穌的過程中，看出腓力是一個被環境所限制的人：腓力是一個躊躇不定、顧慮太多的人，聖經上說，有幾個希利尼人來見腓力，求他說：「先生，我們願意見耶穌。」腓力自以為耶穌不可能接見他們，躊躇不敢作決定，最後去找安得烈商量，雖然安得烈贊同，但是他還是不敢即刻去告訴耶穌。歷代的解經家都強調「希利尼人見耶穌」是極為重要的事件，如果因著腓力躊躇不定、顧慮太多，而導致他們失去認識耶穌的機會，將是怎樣的遺憾？幸好有安得烈的陪同，才將這個要求「去告訴耶穌」。腓力躊躇不定、猶豫不決的個性，使他成為一個被環境所限制的人。

腓力是一個有心突破懷疑的人（約十四8-17）

腓力的另一個特點是：他坦誠地向耶穌表達他的懷疑，且有突破懷疑的決心。

腓力對主耶穌的要求：在約翰福音第十四章中，提到主耶穌與門徒即將分離，三年來的相處，大家已有深厚的

感情，如今耶穌將要離開，門徒們都非常難過。耶穌勸勉他們不要憂愁，因為祂還要再回來，祂並且說：「我就是道路、真理、生命；若不藉著我，沒有人能到父那裡去。」這時腓力向耶穌要求說：「求主將父顯給我們看，我們就知足了。」腓力抱著「看見」才能相信的觀念。從腓力對主耶穌的要求，看出腓力在信仰上仍然有所懷疑，但也看出他有心突破懷疑。

主耶穌對腓力的回答：主耶穌充滿仁慈與憂傷的口氣回答說：「腓力，我與你們同在這樣長久，你還不認識我嗎？人看見了我，就是看見了父。」本來門徒與耶穌相處三年半了，只要他們溫習耶穌的教訓，回想耶穌所行的神蹟，就該知道祂不是一個普通的夫子，也不是一位普通的先知，而是上帝的獨生子。事實上，從來沒有人可以看見上帝，因為祂就是光，比太陽大千萬倍，絕非肉眼所能直接看見；但藉著道成肉身的耶穌，將上帝的良善、慈愛、公義等性格顯明出來。另一方面，上帝是靈，人無法用眼睛看見祂，而必須用心靈與祂相通，用信心的眼光與祂相見。耶穌當年回答腓力的，也同樣回答了今日信徒的問題。

腓力對主耶穌的回應：聖經中雖然未曾繼續描述從此以後腓力對信仰的態度如何，但我們可以肯定的是他成為滿有信心且忠心宣揚福音的門徒。根據傳說，他在加拉太、弗呂家和小亞細亞傳道，在希拉波立城（在歌羅西和老底家中間）為傳福

音被捕下監，經拷打後被釘十字架殉道，後世的人將其遺體運往羅馬，葬在十二門徒大殿中。腓力以殉道而死的行動，來見證他的信仰，來回應耶穌所給他的教誨。

今日信徒應有的反省與學習

腓力的生平資料雖然不是很豐富，但是我們卻可以從他身上領悟到很珍貴的教訓，他的優點、缺點都足以成為我們的借鏡。

第一、學習以堅定的信心請人相信耶穌：腓力成為門徒之後，就立刻成為宣教士，向拿但業介紹耶穌。當腓力向拿但業講完有關耶穌精細的介紹詞後，拿但業以嘲笑的口吻反駁說：「拿撒勒還能出甚麼好的嗎？」腓力沒有辯駁，卻充滿信心地回答說：「你來看！」腓力堅定的信心終於將拿但業帶到主耶穌的面前，而且成為耶穌的門徒。

當我們請人信耶穌時，有時我們也會遇到像腓力一樣的難題，有些人會這樣答覆你對他的邀請：「信耶穌？算了吧！我有朋友也常上教堂，我看不出信耶穌有什麼不同，也看不出祂和其他宗教有什麼不同、值得我相信

的。」他們的回答正如拿但業所說：「拿撒勒還能出甚麼好的嗎？」當我們遇到這樣的答覆時，也當學習腓力的方法：「你來看！」不必要反駁，不必要辯論，也不必理會他們的嘲笑，你效法腓力滿懷信心告訴這種人：「你不妨到教會聽聽看！」只要你有堅定的信心，你的親友也必然歸向耶穌，我們要學習腓力用堅定的信心邀請人相信耶穌。

第二、學習以堅定的信心突破自我的限制：當耶穌在曠野用五餅二魚讓五千人得飽足的過程中，主耶穌問腓力怎樣分餅給群眾吃飽時，他立刻算出所需要餅之數量和價錢；因此，安得烈提供的五個小餅，對腓力而言簡直少得荒謬。腓力的回答是根據「計算」，而忘記了耶穌的「能力」。腓力只是看環境、看自己，只用腦筋來盤算時，就都是難處；他若肯用信心依靠這位會行神蹟的主耶穌，祈求這位會行神蹟的主耶穌，什麼難處就都沒有了。

每當談到教會事工的發展時，我們很容易有類似腓力的想法，尤其是要拓展新的分堂，或對外推廣福音事工時，我們很容易會像腓力說：「我們哪來那麼多的經費？我們豈有這種能力？這是不可能的！」屬靈的工作有時是無法用數學來盤算的。在人的手中，五個餅太少了，但在耶穌的手中卻綽綽有餘；只要我們肯奉獻，縱然一點點的金錢、一點點的才能，主

耶穌也要創造偉大的神蹟。「環境考驗信心，信心創造環境」這是我們所當體驗的真理。在教會事工上如此，在個人遭遇挫折、艱難時，信心也能幫助我們改造環境，我們要學習以堅定的信心去突破自我的限制。

第三、學習以堅定信心享受上帝的同在：當主耶穌向門徒說：「我就是道路、真理、生命；若不藉著我，沒有人能到父那裡去。」這時腓力對耶穌說：「求主將父顯給我們看，我們就知足了。」腓力抱著「看見」才能相信的觀念。其實不只是腓力，很多人不也是常提出這種「要看見」上帝的要求嗎？保羅曾說：「自從造天地以來，上帝的永能和神性是明明可知的，雖是眼不能見，但藉著所造之物就可以曉得，叫人無可推諉。」雖然我們用肉眼看不見上帝，卻可以透過祂的作為認識、經驗上帝的慈愛、上帝的信實。

有個故事說：有一位基督徒，某次遇到水災，他爬到屋頂上待救，大水一直往上漲，他就虔誠地禱告：「上帝啊！趕快救我！」不久，有人駕著獨木舟從遠處過來，招呼他說：「快上我的獨木舟吧！」這一位基督徒自以為上帝一定會救他，那人只好駕舟走了。水漲到他的膝蓋了，他又大叫：「上帝啊！趕快救我！」禱告完，遠遠看見

有人駕著救生艇過來，並招呼他上船，基督徒仍然不喜歡，救
生艇也走了。水已漲到胸部了，他又大叫：「上帝啊！趕快救
我！」忽然空中來了一架直升機，從機上垂下繩子，要將他吊
到安全的地方，這個人說：「不要，我要上帝救我！」直升機
也走了。這位信徒死後到天國向上帝抗議：「我這麼虔誠地禱
告，祢為什麼不來救我？」上帝對他說：「你真遲鈍！我駕獨
木舟來救你，你不肯；駕救生艇來救你，你又說不喜歡；用直
升機來救你，你也不願意！」這雖然只是個故事，卻表達一個
真理：上帝是靈，我們雖然無法用肉眼看見祂，但祂的作為卻
在我們周圍不斷地出現，保護我們、與我們同在，我們當學習
以堅定的信心享受上帝的同在。

生活提醒

有一位西裝店的老闆，提到保護西裝的祕訣。他說，在就
寢前將衣服掛起來時，必須先將衣服內的東西全部掏出來，否
則口袋裡的東西會將衣服撐得變形。除此以外，他又說：「其
實，不但口袋裡的東西要掏出來，在就寢前，如果你渴望晚上
睡得好、如果你渴望你的人生不變形，你要掏出心中的憤恨、
憂慮……將重擔掏出來，交給上帝。」基督徒要學習以交託的
信心、信任的信心，與主同行。

　　「環境考驗信心，信心創造環境」是我們省思腓力生平之後，所當體驗的真理。

第 **9** 章

「報福音，傳喜信」
—— 安得烈生平的省思

　　再次日，約翰同兩個門徒站在那裡。他見耶穌行走，就說：「看哪，這是上帝的羔羊！」兩個門徒聽見他的話，就跟從了耶穌。耶穌轉過身來，看見他們跟著，就問他們說：「你們要甚麼？」他們說：「拉比，在哪裡住？」（拉比翻出來就是夫子。）耶穌說：「你們來看。」他們就去看他在哪裡住，這一天便與他同住；那時約有申正了。聽見約翰的話跟從耶穌的那兩個人，一個是西門彼得的兄弟安得烈。他先找著自己的哥哥西門，對他說：「我們遇見彌賽亞了。」（彌賽亞翻出來就是基督。）於是領他去見耶穌。耶穌看著他，說：「你是約翰的兒子西門，你要稱為磯法。」（磯法翻出來就是彼得。）（約一35-42）

　　有一個門徒，就是西門彼得的兄弟安得烈，對耶穌說：「在這裡有一個孩童，帶著五個大麥餅、兩條魚，只是分給這許多人還算甚麼呢？」耶穌說：「你們叫眾人坐下。」原來那地方的草多，眾人就坐下，數目約有五千。耶穌拿起餅來，祝謝了，就分給那坐著的人；分魚也是這樣，都隨著他們所要的。他們吃飽了，耶穌對門徒說：「把剩下的零碎收拾起來，免得有糟蹋的。」他們便將那五

個大麥餅的零碎，就是眾人吃了剩下的，收拾起來，裝滿了十二個籃子。眾人看見耶穌所行的神蹟，就說：「這真是那要到世間來的先知！」（約六8-14）

那時，上來過節禮拜的人中，有幾個希利尼人。他們來見加利利伯賽大的腓力，求他說：「先生，我們願意見耶穌。」腓力去告訴安得烈，安得烈同腓力去告訴耶穌。耶穌說：「人子得榮耀的時候到了。我實實在在地告訴你們，一粒麥子不落在地裡死了，仍舊是一粒，若是死了，就結出許多子粒來。愛惜自己生命的，就失喪生命；在這世上恨惡自己生命的，就要保守生命到永生。」（約十二20-25）

安得烈的生平事蹟除了在約翰福音有簡短的報導之外，其他福音書對於他的言行很少有所記載。事實上，許多的信徒並不知道安得烈是彼得的兄弟，更不知道彼得之所以能認識耶穌，是出自安得烈的介紹。從聖經片斷的描述，發現安得烈所具有的特點，是常成為人與耶穌之間的橋梁，藉著他使不同階層的人能親近耶穌。

我們將以「傳福音，報喜信」為題目，思想安得烈的生平，藉此鼓勵諸位成為肯「請人信耶穌」的好信徒。我們將就

聖經所記有關的安得烈的三個重點來認識他：①安得烈將彼得介紹給耶穌，②安得烈將那帶著五餅二魚的孩童介紹給耶穌，③安得烈將希利尼人介紹給耶穌；最後加上今日信徒應有的反省與學習。

安得烈介紹彼得給耶穌（約一35-42）

安得烈本是一位漁夫，因為熱心追求真理而遠離家鄉，前往約但河畔聆聽施浸約翰所傳的道，而真心悔改受浸，且成為約翰的學生。

安得烈如何跟隨耶穌？有一天，當施浸約翰看見耶穌路過時，很興奮地指向耶穌說：「看哪，這是上帝的羔羊！」在這事之前，安得烈曾經聽過約翰預言彌賽亞即將來臨，所以經過他老師的介紹與指認，就毫不猶豫地跟從了耶穌，當天安得烈就與主同住。由於他與耶穌有很深入的交談，使他更加確信耶穌正是他所期盼的彌賽亞。這次的交談成為他一生的轉捩點，他帶著堅定的信心、滿足的喜樂離開耶穌，他積極地想向親人報告這一個好消息。

安得烈如何介紹耶穌給彼得？他離開耶穌後的第一件事是「找」彼得，對彼得說：「我們遇見彌賽亞了。」

並且領他去見耶穌。今天我們都知道耶穌是上帝的兒子、是救世主，但是安得烈所不同於我們的是，他一認識耶穌即刻跟隨祂；更重要的是，將耶穌介紹給他的哥哥，並且領他去見耶穌，終於使彼得成為耶穌十二個門徒中最傑出的領袖。

安得烈介紹彼得給耶穌的果效：在十二個門徒中，安得烈是個默默無聞的小人物，他不像彼得有豐富的著作，有使幾千人悔改的講道恩賜。但彼得這一位傑出的傳道人，卻是藉著平凡的安得烈之介紹而信耶穌，如果沒有安得烈的介紹，可能就沒有被主所重用的彼得。事實上，安得烈並不知道日後彼得能成為主所重用的使徒，但是安得烈在不知不覺中成就了偉大的工作，這實在給我們很大的激勵；我們只要肯將親人帶到主的面前，在不知不覺中也能做出偉大而有意義的工作。上帝的工作固然需要彼得，但更少不了安得烈，上帝迫切需要安得烈這種人才。

安得烈給我們作了好榜樣，雖然我們未必能像彼得一樣在大庭廣眾前向千萬人傳福音，但我們卻可效法安得烈去做「請人信耶穌」的工作。

安得烈介紹孩童給耶穌（約六8-14）

第二次看到安得烈在聖經中出現，是在約翰福音第六章8至14節。當主耶穌講完道後，祂以一名孩童手中所有的五餅二魚讓五千人得飽足，而發現孩童手中有五餅二魚，並且介紹他去見耶穌、將食物交給耶穌的人，就是安得烈。

安得烈介紹孩童給耶穌的因素：當天耶穌講道的地方是個曠野，這種地方當然沒有人在販賣食物，縱然有，也無法即刻供應數千人的需要。所以主耶穌問腓力，從哪裡可以買到足夠的食物。腓力的看法是，即使有二十兩銀子，也無法滿足群眾的需要。就在這時候，有一個小孩童來到耶穌門徒面前，要將他的食物送給耶穌，安得烈根本不知道這食物能有什麼奇蹟發生，只是他欣賞孩童純真、可愛的表現，將他帶到主的面前，口中加上一句「只是分給這許多人還算甚麼呢？」安得烈沒有想到主竟然用這有限的食物，不但使數千人得以飽足，甚至還剩下十二個籃子的零碎。因著安得烈重視孩童，（還記得曾經有人帶孩童到主的面前，而遭門徒們拒絕的事件嗎？）將孩子介紹給耶穌，成就一件偉大的神蹟。

安得烈介紹孩童給耶穌的果效：有很多傳道人常以五

餅二魚使五千人得飽足的神蹟，作為講道的根據，有的強調耶
穌的全能神性，也有強調孩子的奉獻精神，然而我們卻可從安
得烈的身上獲得一些啟迪。如果沒有安得烈的介紹，這個神蹟
可能不會出現，安得烈為神蹟提供了材料與機會。事實上，安
得烈並不知道那五餅二魚能產生這麼大的奇蹟，卻在不知不覺
中成就了偉大的工作，這實在給我們很大的激勵；只要我們肯
將孩童帶到主的面前，在不知不覺中也能成就偉大而有意義的
工作。上帝的工作固然需要孩童的奉獻，但更少不了安得烈，
上帝很像需要安得烈這種人才。

安得烈介紹希利尼人給耶穌（約十二20-25）

第三次看見安得烈在聖經中出現，是他介紹希利尼人（希
臘人）給耶穌。

安得烈介紹希利尼人給耶穌的因素：主耶穌在世上最後的
一個禮拜，祂凱旋般地進入耶路撒冷。這些希利尼人來耶路撒
冷參加逾越節，當他們聽到有關耶穌的事蹟，目擊耶穌所言所
行（例如耶穌潔淨聖殿），便迫切期待能見耶穌，能多認識耶
穌，於是他們去找腓力向他說：「先生，我們願意見耶穌。」
腓力一向很謹慎，他懷疑耶穌是否肯接見這些「外邦人」，因
此腓力就去與安得烈商量這一件事，安得烈毫不猶豫地將這些

希利尼人介紹給耶穌。耶穌極高興地說：「我若從地上被舉起來，就要吸引萬人來歸我。」

安得烈介紹希利尼人給耶穌的果效：安得烈將外邦人帶到耶穌的面前，這在救恩史上有重要的意義：它暗示我們福音已開始向外邦傳遞，耶穌是萬國萬民的救主。當然安得烈並不知道這個重要的意義，就像他介紹彼得給耶穌，他並不知道彼得日後會成為傑出的使徒，但在不知不覺中成就了偉大的工作。這實在給我們很大的激勵：我們只要肯將人帶到主的面前，在不知不覺中也能做出偉大而有意義的工作。

根據傳說，安得烈因傳福音而受迫害，被綁在「X」型的十字架上折磨而死。雖然在十字架上，仍忠心地向旁觀的人傳揚福音，請人信耶穌。

今日信徒應有的反省與學習

根據聖經的記載，我們對安得烈生平事蹟的瞭解雖然有限，但是已經足夠使我們尊敬佩服。我們若肯在三方面向安得烈學習，教會必然會有大大的復興與成長。

第一、要邀請家人信耶穌：家人應該是我們最關心的人，自己獲得好處，自然就會想到最關心的人。有人說，帶領自己的親屬信耶穌是最不容易的一樁事，但是安得烈信了主之後第一件事就是先找到自己的哥哥，領他去見耶穌。這個「先」字很有意思，表明他不只是領他的哥哥信耶穌，並且帶領全家人信主。請問，當我們信了主之後是否有這種迫不及待「想辦法」邀請家人信主的意願呢？今天在宣揚福音方面最大的盲點，就是我們沒有積極想辦法邀請家人信耶穌。事實上，如果我們確信那些不信耶穌的人，必然承受地獄永遠火刑的痛苦，我們豈可繼續殘忍地讓最親愛的父母、子女、兄弟姊妹、丈夫、妻子走向滅亡之路卻見死不救呢？我們應當撥出一些時間，關懷家人的信仰和生活。「想辦法」邀請家人信耶穌，這是我們從安得烈身上所要學習的第一個行動。

第二、要邀請孩童信耶穌：從安得烈身上我們所當學習的是，要趁著孩子內心單純的時候，將福音傳給他，縱然在青年時代叛逆，到老也必然歸回。在邀請孩童信耶穌的行動上，首先我要提醒每一位兒童主日學老師，要找機會「想辦法」帶領學生信耶穌，這才是當主日學老師的目的。英國有一位青年姊妹，在街上找到一個頑童，先送他一套衣服，要將他領到主日學，他竟然欺騙她。幾個禮拜後，她又找到他，又送他一套衣服，他又欺騙她，並且不敢再和她見面。直到最後她的忍耐獲

勝，使那孩子歸向基督。那孩子就是後來的馬禮遜，他是近代東方開荒佈道的先鋒，成為上帝對上億中國人佈道的開端。帶領兒童信主不可灰心，今日你所帶領的人，很可能成為明天的馬禮遜。

其次我也要提醒作父母的，要趁著孩子內心單純的時候將福音傳給他。如何向孩子傳福音呢？英國名佈道家約翰衛斯理共有十九個兄弟姊妹，家中頗為貧窮，然而他的母親分配她的時間，每天晚上將一個孩子個別帶到房間，和他談道、禱告，因此在他們家中除了有傑出的商人、教師……此外，更有兩位傳出的傳道人。我們可以陪伴子女學英文、鋼琴、美術，但不可忘記也要陪伴他們禱告、參加主日學、做禮拜、背聖經。邀請孩童信耶穌，這是我們從安得烈身上所要學習的第二個行動。

第三、要邀請外人信耶穌：從安得烈帶領希利尼人來見耶穌的事件上，提醒我們要向外人（外國人或家人以外的人）傳福音，請他們信耶穌。請同事或朋友信耶穌雖困難，但只要我們有心，必能克服。在美國有一位律師司可福，由於他很精明能幹，經常有很多客戶找他辦事。其中有一位名叫麥多馬的基督徒很想向他傳福音，但是因為司可福太有學問、地位又很高，所以不敢開口。有一天麥多

馬終於鼓起勇氣問司可福說：「律師，你為什麼不信耶穌為你的救主呢？」司可福聽了，內心怦怦然，就說：「聖經是否說酒徒不得入天堂？麥先生，我是一個酒徒！」麥多馬說：「律師，你未回答我的問題。我的問題是——你為什麼不信耶穌為你的救主呢？」司可福回答：「從未有人告訴我如何信耶穌，我不知道如何信。」。於是麥多馬趁機向他傳講救恩真理，一起禱告，司可福終於獲得重生。自他得救之後，很自然地開始研讀聖經、祈禱，時時親近主，主選召他傳福音。他一生中有兩大貢獻：他寫了一本司可福聖經注釋、編寫一套司可福聖經函授課程。誰會想到對教會這麼有貢獻的司可福，是一位拙口笨舌的信徒帶領信主的？請外人信耶穌，這是我們從安得烈身上所要學習的第三個行動。

我們應當效法安得烈，努力個人佈道、請人信主，必然為主耶穌找到明日的彼得、馬禮遜、司可福。讓我們以能成為「請人信耶穌」的安得烈自許自勉。

生活提醒
有一幅圖畫中有一艘救生船，船上的人向浮在海裡的人伸手。有一個小朋友審視這圖畫之後，問他母親：「媽媽！船上的人伸手，是要拉他們上船呢？還是要向他們行握手禮呢？」

你認為這孩子的看法幼稚嗎？可是也真有這樣的基督徒：沒有救人的熱心，只是與親友同事握握手、寒暄交際，毫不關心他們的得救問題。這樣的握手禮，實在殘酷無情啊！

「傳福音，報喜信」、成為「請人信耶穌」的好信徒，這是當我們省思安得烈生平之後，所當努力達成的目標。

第 **10** 章

「委身信仰，超越自我」
—— 西門生平的省思

耶穌上了山，隨自己的意思叫人來；他們便來到他那裡。他就設立十二個人，要他們常和自己同在，也要差他們去傳道，並給他們權柄趕鬼。這十二個人有西門（耶穌又給他起名叫彼得），還有西庇太的兒子雅各和雅各的兄弟約翰（又給這兩個人起名叫半尼其，就是雷子的意思），又有安得烈、腓力、巴多羅買、馬太、多馬、亞勒腓的兒子雅各，和達太，並奮銳黨的西門，還有賣耶穌的加略人猶大。（馬可三13-19）

在耶穌的十二個門徒中，有三組相同名字的人，例如有兩個雅各：一個是約翰的哥哥雅各，另一個是亞勒腓的兒子雅各。猶大也有兩個：一個是出賣主耶穌的猶大，一個則是不為人所熟知的猶大。而西門也有兩個：一個是鼎鼎有名的西門彼得，另一個是默默無聞的西門（即本文所將介紹的門徒），他和西門彼得的分別是，他被稱為奮銳黨的西門。

在聖經中，耶穌的十二個門徒有的只出現過名字，卻沒有任何言行資料的記載，西門就是其中之一。我們只知道他是奮銳黨的黨員，而聖經中再也未曾提起他的事蹟。雖然如此，我們仍要以「委身信仰，超越自我」為主題，

從三個方面討論西門的生平：①奮銳黨黨員的西門，②跟隨主
耶穌的西門，③今日信徒應有反省與的學習。

奮銳黨黨員的西門

馬太、馬可、路加之福音書及使徒行傳，提到這一個西門
時，都稱他為「奮銳黨的西門」。究竟奮銳黨是什麼樣的黨
呢？和西門有什麼關係呢？奮銳黨的西門為什麼會成為耶穌的
門徒呢？我們就從這三方面來認識跟隨耶穌之前的西門。

奮銳黨是什麼樣的黨呢？在耶穌的時代猶太人就已經有很
多的黨派，宗教性質的有法利賽黨、撒都該黨等；屬於政治性
質的有希律黨、奮銳黨等。希律黨顧名思義，是以擁護希律為
王為其目標，按聖經所記載，他們與法利賽人曾有多次的合
作，共謀除滅耶穌。而奮銳黨是相當激進的政黨，由一些激烈
的愛國分子所組成，他們為保全猶太民族的法律、宗教、政治
之自由，不惜以捨命流血及暴力的手段來反抗羅馬政府的統
治，並以爭取猶太的獨立、建立彌賽亞王國為所要達成的目
標。奮銳黨是一群充滿革命意識、相當激進的愛國分子所組成
的敢死隊。

　　西門是一個什麼樣的人呢？奮銳黨的人為脫離羅馬政府的統治、爭取猶太的復國，黨員多數投身武裝行列，從事游擊戰鬥，專門殺害親羅馬的猶太人及羅馬政府的官員。他們拒絕納稅給該撒，認為上帝的子民應該只納稅（奉獻）給上帝。（曾有人以納稅問題試探耶穌〔路二十22〕，後來又以同樣問題來誣告耶穌〔路廿三2〕，就是因為奮銳黨人的思想已深入民間。）他們為了嚴懲親羅馬的猶太人及蔑視律法的外邦人，經常採取突襲行動，或者施行暗殺；他們身上暗藏匕首，即使在鬧市中也能不動聲色地奪取他人的性命，因此奮銳黨又被稱為匕首黨。除此之外，奮銳黨曾有多次前仆後繼地以敢死隊自殺的方式，進行革命的行動，但大多徒勞無功，甚至引發了主後七十年羅馬政府為報復奮銳黨，進而進軍猶太、毀滅耶路撒冷的慘劇，奮銳黨才算完全被消滅。由此可以稍為瞭解具有奮銳黨黨員身分的西門，在未跟從耶穌之前的背景、思想、為人如何了──他是一個有暴力行動紀錄的人。

　　奮銳黨的西門為什麼會成為耶穌的門徒呢？我們無法知道，他是否認為耶穌適合作奮銳黨的領袖，他是否認為耶穌即是他所期待要建立彌賽亞王國的君王。其實不只是西門有這種想法，很多看見耶穌行神蹟的猶太人，不也想擁戴耶穌作王？群眾曾夾道歡迎耶穌進入耶路撒冷、高

呼「和撒那」，英雄式地歡迎耶穌，不也期待耶穌能推翻羅馬
政府、建立彌賽亞王國？在西門看來，耶穌是革命者式的彌賽
亞，應該有能力領導他們推翻羅馬帝國的統治，所以西門跟隨
耶穌，可能有其政治上的目的。

跟隨主耶穌的西門

　　根據聖經所記載，西門是耶穌經過整夜禱告後，從眾人中
所揀選出來的十二個門徒之一，耶穌為什麼會選擇一個有如此
政治慾望、有暴力前科的西門作為門徒呢？主耶穌對他有什麼
影響呢？

　　西門成為真心跟隨耶穌的門徒：在十二門徒中，西門是極
端的愛國者，也具有極濃厚的民族意識。另一個門徒馬太則是
稅吏，所有猶太人都視稅吏為親羅馬政府的賣國賊，馬太與極
端的愛國者西門的角色彼此強烈對立。如果不排斥暴力行動的
西門，不是在耶穌那裡遇到稅吏馬太，他一定會毫不留情地刺
殺馬太。兩個本來互相仇視、對立的人，因著他們跟隨耶穌，
能夠學習彼此相愛、彼此接納，這是多麼奇妙的結合與改變。
主耶穌讓一些觀念不同、個性不同、背景不同的人在祂的愛中
結合，他們不但不會彼此對立，反而能彼此相愛，為宣揚福音
而齊心努力。事實上，任何人到主的面前，必然被更新、改

變，前後判若兩人；耶穌揀選、更新西門，西門是被基督感化而有長進的門徒。

西門成為忠心宣揚福音的門徒：西門本來是奮銳黨人，在跟隨主耶穌之後，他人生的目標全然改變。他不再為建立猶太王國而奮鬥，所奮鬥的乃是要建立耶穌的天國；他奮鬥的目標不是帶領猶太人脫離羅馬的管轄，而是幫助世人從罪惡的捆綁中獲得自由。主耶穌打開西門的眼界，改變了他人生的目標，讓他從看重小小的猶太國，進而關懷整個世界、更大的國度；由僅關懷一個民族的狹小心胸，擴大為關懷全人類；他放棄「革命」運動，而投入「革心」運動的行列。西門遇見主耶穌後，一生的目標產生極大的轉變，成為熱心傳揚真道的使徒。

西門成為甘心犧牲生命的門徒：傳說中他和另外一個名為猶大的門徒前往波斯傳道，在那裡曾被兩個行邪術的人所阻撓，卻被西門和猶大所破解，國王很佩服他們，並吩咐他們將那兩個行邪術的人殺死，他們卻將那兩個人釋放了。這兩個人被釋放之後，卻更加敵對、攔阻西門所傳的福音，有一天西門和猶大在傳福音，那城裡有一座大廟，廟中有七十個祭司，這兩個行邪術的人會同祭司聳動百姓捉拿這兩位使徒，將他們帶回廟中。傳說，當時西

門曾看見天使，天使對他說：「你快跑出去吧，因為這廟宇將要倒塌了！」西門卻回答說：「不！這裡可能還有人會悔改信主呢！」這兩位使徒在瘋狂的逼害和凌辱下，仍然繼續講解福音，終於在那廟宇中殉道而死。西門甘心為主耶穌犧牲生命。

今日信徒應有的反省與學習

雖然聖經所提供有關西門的生平事蹟相當少，但是根據前面兩點的描述，足已使我們欽佩他、敬重他。研讀他的生平之後，我們應該效法他，作一個肯「委身信仰，超越自我」的基督徒。

第一、要效法西門下定決心及早成為基督徒：在西門一生中，作了一個最重要、最正確、也是最艱難的選擇，那就是「願意成為耶穌的門徒」。縱然，他一開始願意成為耶穌的門徒，是帶著錯誤的政治企圖和目的；但是，當他天天與耶穌相處、聆聽祂的訓誨、觀察祂所行的事，他整個人生觀產生極大的轉變；他「錯誤的動機」、「訴諸暴力」也隨之消失了，前後判若兩人。簡言之，西門是一個被基督感化而有長進的門徒。

親愛的朋友！或許你剛開始接觸基督的信仰，或許你已慕

道多時，現在你應該效法西門，下定決心成為基督徒。如果你真心信耶穌，我不能保證耶穌會使你更富有、事業更順利，但我保證如果你真心信耶穌，天天與耶穌相處，天天聆聽祂的訓誨並付諸實踐，祂不但能改變你的個性，將來更有天國永生的盼望。

親愛的朋友！你人生所追求的是什麼？名利、地位、財富？這些只能改善生活的環境；你要求永恆的真理，才能提昇你生活的品質──你的心靈才有平安與滿足。

有一位幼稚園的老師很會鼓勵小朋友，誰的功課好，他就在黑板上畫一個獎；宣布某生做得好、賞他一個蘋果，隨著就畫一個大蘋果；某生很不錯，就請他吃一個香梨，隨著就畫一個梨。這時老師無意中畫小一點，該小朋友在背地裡嘟著嘴埋怨說：「給我畫那麼小！」其實，畫餅本就不能充飢，何必斤斤計較、自尋煩惱？小孩無知嗎？大人更甚呢！事實上，你所追求的名利、地位、錢財，正如所畫的蘋果和香梨，面對死亡無法帶走，人一切的成就實在是虛空。親愛的朋友！唯有信耶穌才能獲得永恆的生命，要效法西門下定決心成為基督徒！

第二、要效法西門學會尊重別人不同的立場：我們曾

談過，在十二門徒中，西門是極端的愛國者，也具有極濃厚的民族意識；另一個門徒馬太則是稅吏。所有的猶太人都視稅吏為賣國賊，馬太與極端的愛國者西門剛好對立。如果奮銳黨的西門不是在耶穌那裡遇到稅吏馬太，訴諸暴力行動的西門，一定會刺殺馬太。兩個本來觀念不同、個性不同、背景不同，本來互相仇視且對立的人，因著跟隨耶穌，也就學習彼此相愛、彼此接納、彼此尊重，尤其是西門更是值得我們欽佩。

當我們研讀西門生平後，在耶穌基督裡彼此同工合作時，要效法西門學會尊重別人不同的立場，因為耶穌呼召不同立場的人來跟隨祂、來服事祂。保羅勸勉教會中的信徒要：「凡事謙虛、溫柔、忍耐，用愛心互相寬容，用和平彼此聯絡，竭力保守聖靈所賜合而為一的心。」（弗四2-3）我們不敢說馬太和西門從來沒有過強烈的爭辯，但是他們都肯向主耶穌學習、體會耶穌的心意，也就能彼此尊重，同心地宣揚福音了。當我們省思西門生平之後，在傳福音的事工上，在教會的行政事務上，甚至在面對同一個基督信仰而有不同禮儀、體制的宗派，要效法西門學會尊重別人不同的立場。

西門接納信仰、實踐信仰、宣揚信仰，這種委身於信仰的果效值得我們嚮往，這種委身於信仰的態度值得我們效法。讀了西門生平之後，我們要互相提醒、勸勉，讓基督的信仰在我

們的生活中位居首要的地位。信仰不是生活的點綴品，而是生活的動力，是行事為人的準則，因此將自己「委身於信仰」，認真地實踐信仰，以致能「超越自己」的個性與立場，是每一位基督徒所該有的態度。

生活提醒

在一本雜誌上有一幅畫像，畫了一位老太太的面貌，臉上有多條深而密的皺紋、昏花無神的眼睛、牙齒脫落的嘴形，十足顯出「衰」、「老」的神態，而這一幅畫的標題是：「這是某年分某大學的『校花』！」看了這一幅畫的人，都會引起「人生易老」、「歲不我與」的感傷。縱然妳如花似玉，轉眼會人老珠黃；縱然你壯如牛犢，一晃就是斑白的老翁。人生只能活這一輩子，要及早「接受」基督的信仰，作個「認真」的基督徒，讓你的今生能活得更有活力、更有意義，更能在耶穌基督裡獲得永恆的生命。

「委身信仰，超越自我」，認認真真作個好基督徒，這是在我們省思西門生平後，所當立定的心志。

第 **11** 章

「有學有問，求知求行」
——猶大（不是加略人）
生平的省思

「還有不多的時候，世人不再看見我，你們卻看見我；因為我活著，你們也要活著。到那日，你們就知道我在父裡面，你們在我裡面，我也在你們裡面。有了我的命令又遵守的，這人就是愛我的；愛我的必蒙我父愛他，我也要愛他，並且要向他顯現。」猶大（不是加略人猶大）問耶穌說：「主啊，為甚麼要向我們顯現，不向世人顯現呢？」耶穌回答說：「人若愛我，就必遵守我的道；我父也必愛他，並且我們要到他那裡去，與他同住。不愛我的人就不遵守我的道。你們所聽見的道不是我的，乃是差我來之父的道。」（約十四19-24）

耶穌所揀選的十二門徒中，有兩個人都是以「猶大」為名：一個是出賣耶穌的猶大，福音書中稱他為「加略人猶大」；而這次我們所要省思的對象，在主耶穌受難以前被稱為猶大，而在「加略人猶大」出賣耶穌之後，這一位猶大被稱為「不是加略人的猶大」，藉此表明他的信仰、他的為人迥異於「加略人猶大」。

聖經中除了記述他曾問耶穌一個問題：「主啊！為甚麼要向我們顯現，不向世人顯現呢？」再也沒有關於他生平事蹟的描述。雖然如此，我們仍然可以由他那被稱為

「不是加略人的猶大」的稱呼、他向耶穌所發問的問題，試著
去瞭解他的為人。我們將以「有學有問，求知求行」為題目，
從三個方面討論猶大的生平：①不是加略人的猶大，②肯學肯
問的猶大，③今日信徒應有的反省與學習。

不是加略人的猶大

在耶穌復活升天之前，他的名字被稱為「猶大」；而在耶
穌復活升天之後，約翰將改稱他為「不是加略人的猶大」。這
個稱呼有什麼意義呢？要表達什麼、要證明什麼？

他不是加略人的猶大：很多人為自己或子女取名為彼得、
雅各、約翰……，卻沒有人會取名為猶大，其實「猶大」本來
是一個很好的名字，它含有讚美的意思。可惜，加略人的猶大
出賣主耶穌之後，這個美名竟演變成為惡名。由於發生加略人
猶大出賣主耶穌的事件，這個名字帶給猶大本人極大的困擾。
您想，如果您也面對一位與您同名同姓的同伴，公開做出一件
不名譽的事，這難道不會帶給您很大的麻煩？可能您逢人都要
聲明：「我是某某某，但我不是那個某某某！」因此猶大所遭
遇到的困擾是可以體會、可以瞭解的。為此約翰公開為他答
辯，這個猶大不是加略人的猶大！

　　多年前台北曾有一名為「李○○」的青年槍殺兩名警員，而在高雄有一位跆拳教練也叫「李○○」，案發後他深受同名同姓拖累之苦。他說，儘管警方所提供的資料、相貌、年齡和他不同，但親友仍忍不住消遣他，有人更問他需不需要「逃亡費」。由此您就可以瞭解猶大心中的委屈，約翰以「不是加略人的猶大」證明他是主耶穌的好門徒。

　　他是腳步穩定的猶大：他「不是加略人的猶大」，證明他與加略人的猶大在德行上、信仰上有很大的差別，儘管在聖經中對他的生平少有描述，但至少我們知道他不是那賣耶穌的猶大，僅此一點就可以留下深刻的印象。他「不是加略人的猶大」，看出他們兩個人的區別：那一個猶大軟弱跌倒、出賣主耶穌；這一個猶大卻是腳步穩定、堅貞不移地跟隨主耶穌。他是一個有信心、穩重、安靜不愛出鋒頭的人，他「不是加略人的猶大」，他是腳步穩定的猶大。

肯學肯問的猶大

　　主耶穌在臨別前向門徒們說：「有了我的命令又遵守的，這人就是愛我的；愛我的必蒙我父愛他，我也要愛

他，並且要向他顯現。」猶大不明白耶穌的最後一句話「要向他顯現」是什麼意思，因此，他問耶穌說：「為甚麼要向我們顯現，不向世人顯現呢？」我們要從他與主耶穌這段對話，思考這個問題在問什麼、主耶穌回答的含意是什麼、如何從這問題來認識猶大這一個人。

　　猶大這個問題在問什麼？猶大問耶穌說：「為甚麼要向我們顯現，不向世人顯現呢？」這個問題有兩種不同的解釋：一、猶大的心充滿感恩與讚美：「我們算得了什麼？你竟然揀選我們，只向我們顯現而不向世人顯現，我們真不配主耶穌如此地恩待我！」二、猶大以驚訝不解的口吻問：「你為什麼要放棄世人呢？」大部分的解經家傾向於第二個解釋。

　　主耶穌回答的含意是什麼？針對猶大的問題，耶穌的回答就某一方面而言，並不是直接的回答，但卻是一個完全的回答。耶穌說：「人若愛我，就必遵守我的道；我父也必愛他，並且我們要到他那裡去，與他同住。」耶穌的含意是：「猶大，你問我為什麼要放棄世人？其實我並沒有放棄世人，我父與我，願意與凡真心愛我、遵守我道的人同住。」祂的回答指明祂要怎樣顯現，並指明祂顯現的條件。主耶穌回答的意思是說：「凡愛我、遵守我道的人，才能與我和上帝相交，也得見我向他顯現。」一個人若用信心接受耶穌為主，然後愛祂，進

而順服遵守祂的道，如此主耶穌不單是要向他顯現，更可貴的是願與上帝藉著聖靈住在他的心中，垂聽他的禱告，感動引導他的腳步。這是主耶穌回答的含意。

如何從這問題來認識猶大這一個人？耶穌所說的這段話，難道所有的門徒都懂嗎？我想不一定，但是，卻只有猶大願意發問。這是猶大的優點，對於真理的態度是不會「不懂卻裝懂」，更不會「不懂而不問」；他有求知的態度，他有想要進步的心志。面對這一位肯問、肯學的猶大，耶穌勉勵他及所有的信徒，凡遵守主道的人，上帝必然與他同在。無論我們做什麼、說什麼、想什麼，祂都知道，祂垂聽我們的禱告，祂能成為我們隨時的幫助。如果上帝與我們同在，必能享受如此恩典：「上帝若幫助我們，誰能敵擋我們呢？上帝既不愛惜自己的兒子，為我們眾人捨了，豈不也把萬物和他一同白白地賜給我們嗎？」但我們必須愛祂、遵守祂的道。猶大與耶穌之間的問答，不但堅定了猶大的信，也提醒我們「遵守主道」的重要性。猶大是一位肯學、肯問，具有求知之態度，且有進步之意願的好門徒。

今日信徒應有的反省與學習

聖經中有關猶大生平事蹟的記載雖然不多，但是根據我們所能知道的描述，看出猶大有值得我們效法的優點。研讀他的生平之後，我們應該實踐「有學有問，求知求行」的信仰原則：

第一、立志成為名符其實的基督徒：耶穌有兩個門徒都取名為猶大，一個是出賣耶穌的加略人猶大，一個是「不是加略人的猶大」。事實上，「猶大」本來是一個很好的名字，它含有讚美的意思，可惜加略人的猶大出賣主耶穌之後，就使這個美名變成了惡名。同樣的，「基督徒」是一個很美的稱呼（原意為：「小基督」），早期的基督徒雖然承受很多的迫害，但是卻贏得未信者的欽佩、信任；今日我們也被稱為基督徒，當別人看見我們時會羨慕地問：「你的信仰怎能如此淨化你的為人？請告訴我，怎樣才可以得到你的信仰？」或者說：「你這種人是基督徒？和我有什麼區別？」有兩個猶大，你願意像哪一個？有兩種基督徒，你願意成為哪一種？

有一名士兵因為其惡言惡行，被帶到亞歷山大大帝面前受審，這位征服各國的大王問道：「你叫什麼名字？」答道：「亞歷山大！」大王大聲再問：「我問，你叫什麼名字？」士兵重複答道：「亞歷山大！」大王終於會悟過來。便說：「你

因行為惡劣被定罪，一定要受懲罰。」然後又大怒地說：「沒有人能叫亞歷山大而像你如此敗壞，你到底要改善你的品格呢？還是要改變你的名字？」今天我們的主耶穌已經拯救我們，不管我們如何軟弱、如何虧欠祂，祂不會放棄我們，但是祂會以慈愛的聲音問我們：「你到底要不要改善你的品格呢？」省思猶大生平之後，我們應當立志成為名符其實的基督徒。

第二、立志成為肯學肯問的基督徒：耶穌所說的這段話，不是所有的門徒都懂，但是只有猶大願意發問。這是猶大的優點，對於真理不會「不懂卻裝懂」，更不會「不懂而不問」；他有求知的態度，他有想要進步的心志。猶大這種肯學、肯問的信仰態度值得我們效法。基督徒應該要潛心查考聖經，明白耶穌的教訓，才能真正明白主的道。彼得提醒我們：「有了信心，又要加上德行；有了德行，又要加上知識。」當我們立志成為名符其實的基督徒時，就要學習明白上帝的道，主耶穌童年時在聖殿中有問、有答的學習態度，是我們的榜樣，這也是為什麼教會要強化成人主日學，並且邀請人參加成人主日學的原因。我深信，我們每一個人還有很多不懂的聖經真理，我們不能一直作一個似懂非懂的基督徒。我誠懇地邀請你參加成人主日學，因為肯學、肯問使我們能成為「有信心、有德

行、有知識」的基督徒。省思猶大生平之後，我們應當立志成
為肯學、肯問的基督徒。

第三、立志成為享有上帝同在的基督徒：耶穌應許猶大及
所有的信徒，若我們肯遵守主的道，上帝必然與我們同在。如
此，無論我們做什麼、說什麼、想什麼，祂都知道，祂會垂聽
我們的禱告，祂能成為我們隨時的幫助。

從前有一個國王，因部屬叛亂，逃亡到一個山洞裡，他懇
切祈求上帝幫助，於是上帝派遣一隻蜘蛛在洞口結網，當仇敵
追到洞前時，因見洞口有蜘蛛網，便沒有入洞搜尋，國王得以
絕處逢生。為此，他寫下一首感恩的詩，其中有一段：「上帝
若同在，蜘蛛網是堅城；上帝若離棄，堅城如蜘蛛網。」一個
基督徒最大的福氣，是享有上帝的同在，但是主耶穌卻提醒我
們，獲得上帝同在的重要條件是要「遵行上帝的道」。親愛的
朋友們！獲得聖經知識極為重要，但是去實踐所明白的聖經知
識更為重要。我們彼此勉勵：立定心志，將主耶穌所教導我們
的溫柔、忍耐、信心、寬恕等真理，在生活中實行出來，如
此，在我們所行的事上必然得福。在我們省思猶大生平之後，
應當立志成為享有上帝同在的基督徒。

生活提醒

有一位畫家在家中完成了一幅梅花的傑作,當他從洗手間出來時,卻見他的小兒子竟在他的傑作上滴了兩滴黑墨,這幅畫被染污了。這位畫家思索了一會兒,便提筆將這兩滴污點繪成兩隻活生生的蜜蜂,令全幅畫更生色、更完美。上帝能將人所受的咒詛化為恩典,能將人所受的苦難化為喜樂,這是多麼奇妙的作為!一個肯遵行主道的人,必然能享受這種上帝同在的恩典。

「有學有問,求知求行」是在我們省思猶大生平之後,所應當持有的決心與態度。

143

第章

「信從基督，永不變節」
—— 雅各（亞勒腓的兒子）
生平的省思

　　耶穌叫了十二個門徒來，給他們權柄，能趕逐污鬼，並醫治各樣的病症。這十二使徒的名：頭一個叫西門（又稱彼得），還有他兄弟安得烈，西庇太的兒子雅各和雅各的兄弟約翰，腓力和巴多羅買，多馬和稅吏馬太，亞勒腓的兒子雅各，和達太，奮銳黨的西門，還有賣耶穌的加略人猶大。（太十1-4）

　　有一個人對他的工作感到厭煩。原來他在一間工廠裡服務，他的部門專門製造運到印度去組合成耕耘機的金屬小零件。他整天站在機器旁，重複地製造這種小零件，越做越覺得不耐煩，往往是整天眼巴巴地望著時鐘，希望一天的工作很快完畢，可以回家去。但是有一天他開始沈思。他想起全世界挨飢抵餓的人們，他想起他所製造的零件，可以組合成耕耘機幫助人們耕種五穀，免受飢餓之苦；他想到若沒有這個零件，耕耘機組合不成，沒有耕耘機，又怎能耕種五穀呢？這麼一來，他對工作有了不同的態度，他知道製造這種零件就等於幫忙解決世界的飢餓問題。於是，他的工作不再是累贅，他的心情輕鬆，工作也更有效率。事實上，世界上有一種人（占多數的一群人）雖然默默無聞、不為人所知，雖然從事不起眼、不被重視的工作，可是他存在的重要、他工作的貢獻，卻值得我們肯定。

今天我們要介紹的人是雅各（亞勒腓的兒子），就是這種默默無聞、不為人所知的人，他是耶穌十二門徒中的一位。我們都認識彼得、約翰、馬太，卻很少人具體地認識雅各（亞勒腓的兒子）。在聖經中，我們只見到他的名字，除此之外，有關他的生活言行及性格都沒有任何的記載。事實上，他連西門都不如，至少我們還知道西門是個奮銳黨員，而他什麼都沒有。為此，當我們想到雅各（亞勒腓的兒子）這一個人時，到底可以得到什麼啟發，可以學到什麼教訓呢？

我們將由兩方面來思想雅各（亞勒腓的兒子）這一個人：①他是一個立志跟隨耶穌的使徒，②他是一個終生沒有變節的使徒。

他是一個立志跟隨耶穌的使徒

雖然聖經中沒有詳盡地介紹這個雅各跟隨耶穌的經過，但是卻有蛛絲馬跡讓我們可以稍為瞭解他。根據路加福音六章13節，主耶穌從跟隨他的人中選出三百人，從三百人中又選出七十人，再經過在山上整夜禱告後，才從七十個人中選出了十二個使徒。經過如此慎重的挑選，可見雅各的為人是主所肯定、所接納的。主耶穌從不勉強人跟隨祂、服事祂；耶穌常是邀請人，人有拒絕或接受的自由，人也有忠心與不忠心的自

由。雅各接受耶穌的呼召，不但跟隨耶穌，而且成為傳揚福音的使徒。因此，在這點上，我們當有兩方面的學習。

效法雅各立志作一個跟隨耶穌的基督徒：我們雖然無法知道雅各跟隨主的過程，但是他相信耶穌、跟隨耶穌，正是他一生中最重要、最有智慧的抉擇。我很歡迎常到教會參加禮拜、聽講道卻尚未決志信主的朋友，我想告訴您，主耶穌的真理是何等寶貴，耶穌的救恩是如此真實，不但值得您聆聽，更值得您相信，為什麼您還猶疑不決地「不敢」、「不願」果斷地決志相信耶穌、受浸成為基督徒呢？為什麼只是在教會中作一個「觀眾」、作一個「聽眾」、作一個「裁判」？

事實上，信仰是需要親身去參與、體會、實踐的，正如一個小孩雖然不會分析牛奶具有多少水分、多少糖質、多少營養成分，但從經驗中他知道牛奶很香、很甜，喝了肚子就不餓，他喝了，結果是身體一天比一天健壯，而他也不知道為什麼會一天比一天健壯。如果您只下工夫「分析」、「研究」、「觀察」牛奶，而從不喝它，就算您懂得它的成分，牛奶對您仍是毫無益處。如果您只是下工夫「分析」、「研究」、「觀察」聖經，卻不相信、不

接納、不實踐，這種信仰對您實在沒有任何益處。對一般人而言，牛奶不是用來「研究」的，而是用來促進身體的健康。對一般人而言，信仰不是用來「研究」的，而是接受，如此，您才能經驗到其能力。

我由衷地歡迎還沒有決志信耶穌的朋友常常到教會參加禮拜、聽講道，我們誠懇地提醒您，也邀請您，不要成為「觀眾」、「聽眾」或「裁判」，而是效法雅各立志跟隨耶穌，成為真實的基督徒。

效法雅各作一個熱心傳揚福音的基督徒：耶穌揀選十二個使徒，主要目的是「差他們去傳道」（可三14），因此，雅各不但跟隨耶穌成為祂的門徒，更成為「使徒」去宣揚耶穌的福音。同樣的，耶穌拯救我們，不僅期待我們成為基督徒，更要成為熱心傳揚福音的基督徒，這正是耶穌要我們遵行的大使命（太廿八19-20）。保羅說：「信道是從聽道來的……沒有傳道的，怎能聽見呢？」可見「人人傳道」的重要性。

我曾經讀過一則可能是言過其實的寓言式笑話：三十年前，孩子們出門的時候，媽媽總是叮嚀：「小心啊，錢別掉了。」二十年前，作母親開始囑咐外出的子女：「當心點兒，口袋裡的錢，別讓扒手偷了。」到了十年前，為人母者的語氣

又不同了：「千萬注意，身上的錢別叫人給搶了。」而現在呢？「要錢、要錶、要首飾，都給他，絕對不要反抗。」我們不禁要問：「這是什麼社會？」當今台灣社會，誠然比以前的任何一個時代更需要福音，唯有福音能改變這個社會，也唯有福音能保守您的子女不受社會的惡習所污染。諸位！在這時代傳福音是何等地重要！我們當效法雅各，不但要成為基督徒，而且要成為傳福音的基督徒，把握機會熱心地傳揚福音。

他是一個終生沒有變節的使徒

雅各被揀選為十二門徒之一，是「常與主耶穌同在」（可三14）的人，三年半之久，形影不離，緊緊地跟隨耶穌。他不像猶大出賣主耶穌，讓主耶穌心碎；他也不像彼得，曾經公開三次不認主，而造成終身的遺憾；他不像腓力、安得烈、多馬缺乏信心。在他生平中，好像從沒有因為自己的過錯而讓主耶穌傷心，也從未因自己的軟弱讓主耶穌有所責備，他是持守信仰而不後退的人。通常，在一個團體中，表現最好的和最壞的人，比較容易引人注意，唯有屬乎中等且大多數的一群人，往往會被忽略，雅各就是一個這麼平凡的人，一個平穩而紮實的好使徒。根據傳說中的記載，他後來在基督徒受迫害時，被鋸子鋸斷頭顱

殉道而死，他是一個終生沒有變節的使徒。因此，我們可以從兩方面來學習。

　　效法雅各作一個持守信仰而不後退的基督徒：雅各一生持守信仰，從未半途而廢，也從未變節而離棄信仰，雖然他是一個平凡的人，可是他那持守信仰而不後退的信仰態度的確值得我們效法。在我相信耶穌、服事主耶穌這幾十年中，曾經看見一些忠心信靠主、服事主的傳道人與基督徒，起初都能緊緊地跟隨主，但是到後來受到環境的影響，就逐漸軟弱、冷淡、退後，甚至變節。因此，當我在準備這一篇信息的過程中，我停下很長的時間來禱告，我祈求上帝保守我，我也立志要靠聖靈的幫助：「但願我能越老，越屬靈；越老，越愛主；越老，越可愛（指品格的成熟）；越老，越可佩（指信心）。」我期待當我臨終的時候，也能像保羅一樣無愧地說：「那美好的仗我已經打過了，當跑的路我已經跑盡了，所信的道我已守住了。」我懇求「聖靈的幫助」、「您們的代禱」，讓我能達成這一個目標，我也以這期許與各位共勉。

　　如果您發現自己正跌入屬靈的低潮，當求聖靈幫助您、復興您。正如聖經所說的：「所以，你們要把下垂的手、發酸的腿挺起來。」主耶穌曾向以弗所教會的信徒說：「有一件事我要責備你，就是你把起初的愛心離棄了。所以，應當『回想』

你是從哪裡墜落的，並『要悔改』，行起初所行的事。」這是主耶穌對您我的呼喚，盼望我們都聽見了，也聽進自己的心，讓我們效法雅各，作一個持守信仰而不後退的基督徒。

效法雅各作一個不讓耶穌失望的基督徒：雅各是一個從未讓主耶穌傷心、從未被主耶穌責備的人，這值得我們效法。在積極方面，我們更當保守自己的信心與行為，讓主耶穌所稱讚，不讓耶穌失望。如何達成這一個目標呢？歌羅西書第三章中有兩節經文，可作我們的原則：「要叫基督的平安在你們心裡作主。」（15節）您所行的，您的良心有平安嗎？是基督平安作主的良心，而不是「感覺」、「情緒」作主，也不是「憂慮」、「恐懼」作主；當您抉擇時有基督的平安同在，這是我們行事為人不讓耶穌失望的重要原則。

其次是「無論做甚麼，都要從心裡做，像是給主做的，不是給人做的。」（23節）存「敬畏主」的心去做任何的行業，像是給主做的，不是給人做的，您必然能忠心、盡心地在您的職業上有所成就且能榮耀上帝，這是我們行事為人不讓耶穌失望的第二個原則。讓我們效法雅各，保守自己的信心與行為，作一個不讓耶穌失望的基督徒。

生活提醒

我們在聖經中無法知道更多有關雅各的事，他誠然是一個無名小卒、微不足道的使徒，但是在上帝的眼光中，卻是重要且被上帝所記念、不為人所知的英雄人物。讓我們一起效法他，作一個「立志跟隨耶穌的基督徒」、「熱心傳揚福音的基督徒」、「持守信仰而不後退的基督徒」、「不讓耶穌失望的基督徒」！

「信從基督，永不變節」是當我們省思雅各生平之後，所應存有的信心與行為！

讓「講道王子」
影響下一世代！

從小、當我還懵懵懂懂的時候，就常有外人向我評論起我爸爸的講道：「我們好喜歡聽你爸爸講道喔！」「你爸爸的講道好有力量。」甚至有一些牧師們跟我說：「你知道我們都叫你爸爸什麼嗎？我們都叫他『講道王子』！」

記得我念中學時，爸爸在浸信會神學院教「講道法」的必修課程，有幾次我跟著去旁聽，呵！一個中學生跑去神學院旁聽講道法的課，能聽懂什麼？還真的不太行。但在他開車載我回家的路上，他常說他不是一個天生會講道的人，也沒有一個人天生就會講道，但上帝會給人力量！讓當時的我印象很深刻。

或許，這就是他能被許多人喻為「講道王子」的祕訣！一個最簡單的祕訣。一直到現在，許多神學院都還用他所寫的《實用講道法》當作必修課本。

爸爸生平出過不少講道集，其中許多得意之作，都在台灣的「浸信會文字中心」出版，但很可惜，「浸信會

文字中心」早已停止出版業務，使得他過去的許多得意心血之作，竟連帶都成了「絕版書」，這是何等可惜的事啊！基於對文字宣教的使命感，我更不可能漠視這樣的事發生，於是我出面將這些書的版權盡可能拿回，重新交由其他出版社出版。

這本《耶穌門徒生平的省思》原名《從自己做起——十二門徒的省思》，原是一九九一年浸信會文字中心的出版品，在二〇一〇年由「主流出版有限公司」再出版。

許多人說：「從內容上，還真看不出來這本書已經二十年了！」當然！因為爸爸的講道從不「趕流行」，總是本著聖經的真理；一個「不趕流行」的牧師，所講／寫出的東西自然也就不會「退流行」！我相信再過一百年，這本《耶穌門徒生平的省思》對二十二世紀的人依然貼切有用，這才是好的講道。

文字的影響力是無遠弗屆的。過去許多牧師曾對我說：「你知道我們都叫你爸爸什麼嗎？我們都叫他『講道王子』！」就讓我們使這位「講道王子」的講章繼續流傳，繼續影響下一個世代。

施以諾　敬筆於二〇一〇年

輔仁大學 醫學院 職能治療學系專任助理教授

萬芳醫院 精神科 兼任治療師

基督教「雄善文學獎」創辦人暨主席

主流出版

所謂主流，是出版的主流，更是主愛湧流。

主流出版旨在從事鬆土工作—

希冀福音的種子撒在好土上，讓主流出版的叢書成為福音與讀者之間的橋樑；
希冀每一本精心編輯的書籍能豐富更多人的身心靈，因而吸引更多人認識上帝的愛。

【徵稿啓事】

主流歡迎你投稿，勵志、身心靈保健、基督教入門、婚姻家庭、靈性生活、基督教文藝、基督教倫理與當代議題等題材，尤其歡迎！
來稿請e-mail至lord.way@msa.hinet.net，
審稿期約一個月左右，不合則退。錄用者我們將另行通知。

【團購服務】

學校、機關、團體大量採購，享有專屬優惠。
購書五百元以上免郵資。
劃撥帳戶：主流出版有限公司　　　劃撥帳號：50027271

部落格網址：http://mypaper.pchome.com.tw/news/lordway/

主流有何 Book

心靈勵志系列

書名	作者	定價
信心，是一把梯子（平裝）	施以諾	210元
WIN TEN穩得勝的10種態度	黃友玲著，林東生攝影	230元
「信心，是一把梯子」有聲書：輯1	施以諾著，裴健智朗讀	199元
內在三圍（軟精裝）	施以諾	220元
內在三圍（平裝）	施以諾	199元

TOUCH系列

書名	作者	定價
靈感無限	黃友玲	160元
寫作驚豔	施以諾	160元
望梅小史	陳　詠	220元
打開奇蹟的一扇窗（中英對照繪本）	楊偉珊	350元

主流人物系列

書名	作者	定價
以愛領導的實踐家：德蕾莎修女	王樵一	200元
李提摩太的雄心報紙膽	施以諾	150元

生命記錄系列

書名	作者	定價
新造的人：從流淚谷到喜樂泉	藍復春口述，何曉東整理	200元
鹿溪的部落格：如鹿切慕溪水	鹿　溪	190元

經典系列

書名	作者	定價
天路歷程（平裝）	約翰‧班揚	180元

生活叢書

書名	作者	定價
陪孩子一起成長	翁麗玉	200元
好好愛她：已婚男士的性親密指南	潘尼博士夫婦	260元

【團購服務】

學校、機關、團體大量採購，享有專屬優惠。

劃撥帳戶：主流出版有限公司　　劃撥帳號：50027271

主流網路書店：http://store.pchome.com.tw/lordway

LOGOS系列1
耶穌門徒生平的省思

作　　者：施達雄
編　　輯：洪懿諄
封面設計：張杏茹
版型設計：張杏茹

發 行 人：鄭超睿
出版發行：主流出版有限公司 Lordway Publishing Co. Ltd.
出 版 部：台北市南京東路五段123巷4弄24號2樓
發 行 部：宜蘭縣宜蘭市縣民大道二段876號
電　　話：(03) 937-1001
傳　　眞：(03) 937-1007
電子信箱：lord.way@msa.hinet.net
郵撥帳號：50027271
網　　址：http://mypaper.pchome.com.tw/news/lordway/

經　　銷：

紅螞蟻圖書有限公司
台北市內湖區舊宗路二段121巷28號4樓
電話：(02) 2795-3656　傳眞：(02) 2795-4100

以琳發展有限公司
地址：香港九龍灣啓祥道22號開達大廈7樓A室
電話：(852) 2838-6652　傳眞：(852) 2838-7970

Christian Communications Inc. of USA
9600 Bellaire Blvd., Suite 111, Houston, TX 77036-4534, USA
Tel: (1) 713-778-1144　Fax: (1) 713-778-1180

2010年7月：初版1刷
2015年8月：初版6刷
書號：L1005　　　　　　　　　　　著作權所有 翻印必究
ISBN：978-986-85212-9-2（平裝）
Printed in Taiwan

國家圖書館出版品預行編目資料

耶穌門徒生平的省思 / 施達雄著. --臺北縣
新店市：主流, 2010.07
面：　公分

ISBN 978-986-85212-9-2（平裝）

1.基督　2.神學

242.2954　　　　　　　　99011535